¿Qué me he perdido?

Lola Álvarez Romano

¿QUÉ ME HE PERDIDO?

Cómo afrontar los problemas de salud mental en la adolescencia

Planeta

Av. Diagonal, 662-664, 08034 Barcelona
www.planetadelibros.com

Nota de la autora: Todos los casos que figuran en el libro son reales, únicamente se han cambiado detalles externos para proteger la identidad de pacientes y familias.

Primera edición: marzo de 2024
Depósito legal: B. 2.479-2024
ISBN: 978-84-08-28464-2
Preimpresión: Realización Planeta
Impresión: Liberdúplex
Printed in Spain – Impreso en España

Para Lily, para que pise siempre fuerte y sin miedo.
Para mis pacientes, de los cuales aprendo algo todos los días.

Índice

Introducción

Creo que muchos libros se escriben intentando dar una respuesta a los tiempos que nos toca vivir y este tal vez sea uno de esos. En los últimos años, la salud mental de niños y adolescentes se ha colocado en el punto de mira de los medios de comunicación, ya sea por el aumento y la gravedad de los trastornos que se registran o por las consecuencias devastadoras de sus conductas más alarmantes. Así pues, el propósito de este libro es intentar buscar una explicación a por qué ocurren este tipo de cosas y responder a esa pregunta que tantas veces he oído en boca de los padres: «Hemos intentado hacerlo todo bien. ¿Qué me he perdido?». Mi intención es darles herramientas que los ayuden a comprender el comportamiento de sus hijos y a intervenir de forma eficaz cuando crean que algo no va bien.

Pero el objetivo va algo más allá: mi deseo es ayudar al lector a reflexionar sobre diversos aspectos de su propia salud mental, porque, mientras los padres intentan comprender lo que les pasa a sus hijos, han de ser conscientes de qué papel juegan ellos, de lo que ocurrió en su infancia y en su adolescencia, de cómo ciertas experiencias influyeron en su trayectoria (y tal vez cambiaron el curso de las cosas) y de cómo todas esas vivencias los han influido a la hora de criar a su hijo. Si un progenitor hace este ejercicio de reflexión sobre su propia vida, tal vez le resulte más fácil conectar con el estado mental del niño. A veces, cuando tengo a una familia en mi consulta, surgen en la conversación aspectos de la adolescencia de los padres. Eso suele ser una revelación para un hijo que está intentando gestionar sus emociones y que ve a sus padres como seres invencibles. Saber que han librado batallas similares puede ser un importante punto de encuentro entre las dos generaciones.

Esa mirada retrospectiva, en ocasiones, nos crea incomodidad, porque tal vez sentimos que nuestros padres cometieron errores, pero, aun así, es un ejercicio útil para tratar de entender cómo somos y de dónde nacen nuestras reacciones. Indagar, comprender y finalmente aceptar nuestro pasado nos «completa». En ocasiones, nos ayuda a ser más tolerantes con nuestros padres y a perdonar los errores que creemos que cometieron. La vida es una colección de experiencias, entre las que hay pequeños traumas —o, a veces, no tan pequeños— y contratiempos. De ahí han nacido nuestras defensas y todo ello ha formado la versión actual de quienes somos.

Entonces, ¿qué puede causar un trastorno durante el crecimiento? La mayoría de ellos son el resultado de una confluencia de circunstancias, una concatenación de eventos que ocurren de una determinada manera y alteran la realidad de forma inesperada: situaciones de la vida diaria, como enfermedades, muertes o divorcios, producen una sacudida en la vida de los hijos de cualquier edad. Imaginemos que los padres deciden separarse y de pronto el niño deja de ver con la misma regularidad a uno de sus progenitores. Los adolescentes disponen de más recursos para expresarlo, pero también están pasando por una mayor turbulencia en su desarrollo. Los pequeños no disponen de tantas herramientas y a veces tampoco se les dan muchas explicaciones, mientras que los adolescentes suelen exigirlas. En la vida no va siempre todo viento en popa; el niño se va curtiendo con sus experiencias durante el crecimiento, pero, inevitablemente, también va acumulando pequeñas secuelas emocionales, diminutas cicatrices de esas heridas que se producen cuando pasa por algo que le supone un desafío en un momento en el que sus padres, por cualquier circunstancia, no están disponibles para ayudarlo a gestionar sus emociones.

Hay otras situaciones que cambian la vida de una familia para siempre, como, por ejemplo, cuando nace un hijo con una discapacidad. Tener un hermano o hermana que, desde su nacimiento, siempre necesitará más cuidados y más apoyo que los otros niños —y que tal vez nunca sea independiente— pone a ese otro hermano en un segundo plano y, con el tiempo, pasará a ocupar un lugar diferente en la familia. Tal vez adopte un rol más responsable y autosuficiente, pero casi nunca estará en una posición de igualdad en cuanto al espacio que ocupa en la mente de sus padres.

El libro tiene dos partes: la primera aborda todo aquello que compone la historia familiar, desde el niño que los padres tienen en mente antes de su llegada y hasta cómo se va formando la mente de ese niño en función de todo lo que vive mientras crece. También hablaré de los tropiezos, las circunstancias que pueden obstaculizar el desarrollo, que deben abordarse con mayor profundidad y requieren ayuda profesional.

La segunda parte trata los trastornos más frecuentes en la adolescencia. Dedico el primer capítulo de este bloque a los problemas de conducta que, con frecuencia, son una manifestación más de un cuadro depresivo o ansioso, que veremos en los capítulos que le siguen y que se activa cuando las circunstancias externas son desfavorables y se expresa mediante actos violentos. En estos casos, es importante entender esa conducta desafiante como una comunicación: es una manifestación más de un estado mental en el que reina la confusión y, con frecuencia, la búsqueda de una identidad.

La ansiedad y la depresión son el telón de fondo de la mayoría de los cuadros clínicos en esta etapa, ya que suelen darse simultáneamente con muchas otras sintomatologías. Los adolescentes están en una etapa de rápida evolución y eso es un arma de doble filo: por un lado, los hace más volátiles, pero, por otro, pase lo que pase, el movimiento inexorable del crecimiento adolescente no se detiene, inevitablemente los empuja hacia adelante y ese dinamismo puede ser una ventaja cuando se trata de reconducir las cosas.

Cuando hablo de terapia, estoy haciendo referencia a psicoterapia psicodinámica (es decir, con base psicoanalítica), que es mi modo de trabajar en los servicios de salud mental de niños y adolescentes en Reino Unido. En este sector hay una gran diversidad de modelos de trabajo, pero la psicoterapia infantojuvenil requiere una formación doctoral específica que se apoya en el psicoanálisis, en la observación de las etapas del desarrollo y en cómo estas contribuyen a la formación de la personalidad. La psicoterapia psicoanalítica infantojuvenil tiene una larga y rigurosa tradición y es uno de los puntales en los equipos de la sanidad pública. Estos siempre son multidisciplinares e incluyen psiquiatría infantojuvenil, terapia sistémica familiar, psicología y otras profesiones afines, que, utilizando distintos métodos, ofrecen una diversidad de tratamientos. En ocasiones, se necesita la contribución de servicios sociales o de tratamiento de las adicciones para poder abordar todas las circunstancias adicionales que están teniendo un impacto en la vida del niño. A menudo se ofrece una combinación de tratamientos, por ejemplo, sesiones individuales para el niño y terapia familiar para el resto de la familia, y en esos casos es esencial mantener un plan de acción coordinado entre los distintos profesionales.

Mi trabajo es muy personal, me da acceso a episodios de la vida familiar que la mayoría de sus allegados desconocen, porque tratan aspectos de su pasado sumamente delicados; experiencias duras que, con frecuencia, han intentado enterrar, porque son difíciles de procesar. Para ello es necesario adoptar una postura que implique interés, curiosidad, pero, sobre todo, honestidad, porque es esencial que perciban esas preguntas como una exploración que hago sin ánimo de juzgarlos y cuyo único fin es ayudarlos.

Según la psicoterapeuta británica Shirley Hoxter:[1]

> Nunca podemos observar las lesiones emocionales, solo podemos observar las conductas (las adaptaciones buenas y malas) que utiliza cada individuo cuando intenta gestionar su dolor. El dolor permanece oculto y el único órgano perceptivo que tenemos para detectarlo es el instrumento más sensible, es decir, nuestra propia capacidad para la respuesta emocional.

Esa capacidad es la que nos hace de guía entre las tinieblas, la que nos orienta hacia dónde debemos dirigir nuestra atención frente a las situaciones en las que reinan el desasosiego y la desesperación. A partir de ahí, decidimos qué es lo primero que hay que abordar y, junto con la familia, emprendemos un camino iluminado por la esperanza de que las cosas mejoren. Es esencial recordarles que no hay curas mágicas ni epifanías instantáneas que erradican el síntoma; nos embarcamos en un proceso y eso puede llevar tiempo. Sin embargo, es en ese proceso donde se van encontrando las respuestas.

Aunque trabajo mayoritariamente con adolescentes, una gran parte de la terapia consiste en trabajar con los padres o con la familia al completo, y de ahí ha nacido este libro. Tal vez su lectura pueda ayudar a los padres a entender aspectos de su propia vida que tenían olvidados. Para

1. Shirley Hoxter, «Some feelings aroused in working with severely deprived children», en Mary Boston y Rolene Szur (eds.), *Psychotherapy with severely deprived children,* Londres, Routledge, 2018.

comprender qué le está ocurriendo al niño o al adolescente es necesario plantear las preguntas a nivel familiar, porque los hijos también heredan las patologías y aprenden a gestionar sus emociones viendo cómo lo hacen los adultos que tienen a su alrededor. En las conversaciones que tenemos en la consulta es donde muchos padres descubren aspectos de sí mismos, así como un nuevo prisma con el que mirar a su hijo.

En algunos casos, los padres viven consumidos por la preocupación, como ocurre cuando un hijo tiene ideas suicidas. En esas situaciones lo principal es ayudarlos a contener su propia ansiedad para que puedan seguir apoyando a su hijo e interviniendo de forma efectiva. Sumidos en la desesperación, el estrés les impide llevar a cabo su labor parental, sienten que no pueden hacer o decir lo que harían habitualmente porque está todo en juego y temen que, si se equivocan, puedan pagar un precio muy alto. Soy consciente de que esas conversaciones, en las que no saben qué han de hacer o decir para no empeorar la situación, suponen un gran reto, pero son necesarias. Con esto en mente, he incluido las recomendaciones que he dado a muchos padres en esa misma situación y que les pueden servir de herramientas en esos momentos tan difíciles de abordar.

Pero también se dan situaciones más cotidianas: cosas que le pueden pasar a cualquiera, pero que hay tratar con delicadeza y elegir las palabras con cuidado, porque, sin saberlo, pueden ser un punto de inflexión en la relación entre padres e hijos. Cuando se trata con adolescentes, hay que calibrar la distancia emocional: no se los puede tratar como niños, pero tampoco dejar que lo resuelvan todo por sí solos, ya que pueden encontrarse en situaciones peliagudas para las cuales necesitan tener a mano a un adulto en el que puedan confiar. Aunque haya una situación de conflicto, hay que tenderles esa mano con un gesto conciliador, animándolos a que la quieran tomar, porque intentar arrastrarlos suele ser contraproducente.

El caso de Alicia, de diecisiete años, era así. Su madre acudió a mi consulta cuando se encontró en una encrucijada y sin saber qué hacer. Nos explicó que Alicia había empezado a salir con un chico, su primera relación seria, y desde entonces parecía haberse declarado en rebeldía hacia todas las normas habituales. Haciendo acopio del desafío adolescente, Alicia se negaba rotundamente a asistir a la consulta.

Siempre había sido una niña dócil, cercana a ellos y buena estudiante, pero últimamente se había vuelto hermética y contestaba a la defensiva cuando le preguntaban sobre sus idas y venidas. Madre e hija tenían enfrentamientos continuos que, con frecuencia, terminaban con Alicia llorando y ausentándose dando un portazo. La madre desconfiaba de su novio, al que veía como un joven sin aspiraciones (no había terminado la educación secundaria y, sobre todo, temía que su actitud burlona y despectiva hacia la educación influyera sobre ella). Alicia se quedaba a dormir algunas noches en su casa alegando que vivía lejos, algo que su madre no veía bien. En una ocasión, Alicia salía por la puerta cuando la madre la increpó con una frase más provocadora que dialogante: «Si no vienes a dormir, no hace falta que vuelvas a esta casa».

En la consulta, vimos cómo ese tipo de frases agrandaba la brecha que se había abierto entre ellas y creaba un mayor distanciamiento. Alicia se sentía cada vez más desprotegida y eso la empujaba a buscar refugio lejos del hogar familiar.

Sugerí a la madre que cambiara de táctica, de hecho, que hiciera justamente lo contrario. Le expliqué que era importante que intentara acercarse a ella, que «le tirara cabos», como cuando se quiere rescatar a un náufrago al que la corriente está alejando en el agua. Alicia estaba a la deriva en un mar de confusión e incertidumbre. Como sucede en algunos casos, haber iniciado una relación sexual le daba un cierto aplomo y, de algún modo, consolidaba su visión de que ya era adulta y dueña de su destino. Aunque sabía que estaba cometiendo errores, quería tomar sus propias decisiones; una postura típicamente adolescente.

Lo importante era intentar acercarse a ella y le sugerí que le propusiera planes como una salida al cine o quizá ir de compras ellas dos solas, para recordarle que podía contar con ellos y que, a pesar del disgusto, la apoyaban y querían lo mejor para ella. Para la madre, eso suponía un gran esfuerzo, ya que, por lo general, es difícil apoyar a los hijos cuando están cometiendo errores y desafiando la autoridad. Sin embargo, esta madre supo ver de qué modo su actitud hacia la conducta de su hija era contraproducente y reconoció que tal vez la habían asfixiado con un cuidado que rayaba en la sobreprotección. Alicia vivía esas broncas como un rechazo hacia ella misma y los ultimátums de sus padres estaban abocándola a refugiarse donde no le convenía. Quería saber si, siguiendo un camino diferente del que habían trazado para ella, la seguirían queriendo. La madre interiorizó el mensaje principal: si la alejas de ti, será más probable que tome decisiones equivocadas, pero si la mantienes cerca, será más fácil que acuda a ti y, de ese modo, podrás protegerla y ayudarla a tomar decisiones.

Es importante saber diferenciar a los adolescentes de su conducta. Es decir, cuando ha habido un conflicto, no hay que dejar que el error que hayan cometido los defina para siempre. Con frecuencia, se da una situación relativamente fácil de abordar —un suspenso, una borrachera o llegar tarde a casa—, pero el desencuentro que genera saca a la luz otras turbulencias de fondo y todo ello va cambiando las proporciones del enfado, hasta que se crea una tensión descomunal entre padres e hijos y eso hace más difícil cualquier tipo de diálogo.

Mantener una comunicación fluida desde la infancia siempre será una ventaja cuando surjan problemas.

En general, es importante estar atento a las «banderas rojas» que pueden denotar una situación problemática para el adolescente: los cambios de conducta, el hermetismo en alguien que antes era abierto, la actitud evasiva, que salga sin saber a dónde va ni con quién se junta, las bajadas en el rendimiento escolar... Hay un sinfín de señales que muchas veces los padres han percibido, pero a las que tal vez no han dado importancia, que suelen indicar que algo no va bien.

El desarrollo cerebral de los adolescentes implica que están ejercitando sus «músculos emocionales», y eso conlleva decir o hacer cosas un tanto disparatadas. Los padres son lo que tienen más a mano para «ejercitarse» en el terreno emocional y por eso es importante no tomarse las cosas personalmente. En estos momentos, lo que se requiere de los padres es un sutil equilibrio entre disponibilidad y firmeza: hay que apoyarlos, pero a la vez es necesario mantenerse firme frente a sus embestidas y no dejarse arrollar por su ímpetu. Los adolescentes los siguen necesitando y, cuando están en crisis, dependerán todavía más del apoyo parental. De hecho, ese es mi mensaje principal: sea cual sea la situación en la que se encuentra ese hijo, por muy difícil que parezca, siempre hay que buscar un modo efectivo de ayudarlo a salir adelante.

Aunque los padres no den siempre en el clavo, lo importante es estar ahí, para sus hijos, ayudándolos a salir de las tinieblas hacia la claridad para que, con paso firme, puedan seguir su camino hacia el futuro.

PRIMERA PARTE

CÓMO SE CONSTRUYE LA MENTE

No dejo de pensar que en la maternidad hay algo de suicidio, de borrarse a una misma para permitir que otros vivan y crezcan, alimentándose primero de tu sangre, luego de tu leche y, finalmente, de tus sueños, socavándolos y ocupando su lugar, el de las cosas que alguna vez te importaron. Quiero creer, de todas formas, que, al menos, en algunas ocasiones, compensará, si no, no habría más que hijos únicos, y las parejas no repetirían: nadie iría a por el segundo, y mucho menos a por el tercero.

Marta Barrio, *Leña menuda*

1

¿Qué es la salud mental?

Hoy en día la salud mental parece estar en boca de todo el mundo. Ha cambiado tanto su grado de uso como el significado que se le atribuye. No voy a negar que sea positivo prestar más atención a la salud psicológica, pero ha pasado de ser una expresión con un cierto estigma a utilizarse continuamente, incluso de una manera un tanto frívola. Esto último me preocupa especialmente e intentaré explicarlo en estas páginas.

Lo cierto es que los problemas de salud mental han existido siempre, aunque durante mucho tiempo no se definían como tales. A las personas que los sufrían se las llamaba *de disposición nerviosa* o *melancólicos;* si era mujer, sencillamente se la tildaba de *histérica.* Había una connotación vergonzante (que todavía a veces perdura) alrededor de quien los padecía, como si la persona no tuviera su casa en orden o hubiera revelado un aspecto íntimo y privado sobre sí misma, que a la vez estaba desordenado y para el cual no había una explicación lógica (como pillar a alguien con la cama sin hacer).

De hecho, hay algo de realidad en esa percepción: podría decirse que las personas que sufren algún trastorno de ese tipo no consiguen tener su casa psíquica, es decir, su mente, en orden; el hogar donde habitan sus pensamientos y emociones puede estar totalmente patas arriba. Y, aunque hagan todo lo posible por encajar en el marco social convencional, por cumplir con lo que se espera de ellas y no llamar la atención, hay algo que escapa a su control. Esa pérdida de control se manifiesta de formas poco ortodoxas o en los momentos más inesperados. Es entonces cuando aparecen esas pequeñas llamadas de atención que solemos llamar *síntomas*.

La situación creada por la pandemia del covid en el año 2020 puso la salud mental en primer plano. El trauma personal y colectivo fue tal que puso a prueba los recursos internos de la sociedad tal y como la conocíamos hasta ese momento. Tuvimos que encerrarnos en casa, cambiar nuestro modo de trabajar y asumir que la sociedad que habíamos construido no podía, en principio, defenderse frente el azote del virus. Los telediarios nos relataban los siniestros índices de fallecidos en nuestro país y también en el resto del mundo, lo cual nos situaba en un extraño *ranking* que podía generar alarma o alivio a partes iguales, pero en esos momentos ningún lugar del planeta parecía estar a salvo. No podíamos juntarnos ni tener contacto físico con amigos o seres queridos. Las mascarillas se implantaron en nuestras vidas como un accesorio más.

No es de extrañar que esta situación casi apocalíptica empezara a abrir grietas de diferente magnitud en la salud mental de gran parte de la población y eso, en alguna medida, la sacó a la luz. Incluso hoy, cuando pensamos en ese periodo de manera retrospectiva, nos parece que fue un sueño, una película de ciencia ficción, algo no del todo real. La ansiedad y el miedo generados por la pandemia hicieron mella en la población, porque ponían la muerte al alcance de cualquiera de forma un tanto indiscriminada y no sabíamos si las medidas que estábamos obligados a tomar nos protegían lo suficiente o de la forma correcta.

Como un legado de esa trágica etapa, ahora somos más conscientes de la importancia de la salud mental. Y con un doble mensaje, ya que puso en peligro nuestro bienestar psicológico, pero también sirvió para promover la idea de que este bienestar importa, y mucho.

El prestigio del dolor psíquico

Al trauma pandémico se le sumaron otras llamadas de atención. Atletas de alta competición como la tenista Naomi Osaka o la gimnasta Simone Biles se vieron obligadas a retirarse de torneos debido a la presión insostenible que padecían y que, según sus declaraciones, ponía en peligro su salud mental. Naomi Osaka encontraba particularmente difíciles las ruedas de prensa.[1] El mensaje de estas dos de-

1. EFE, «Naomi Osaka no dará ruedas de prensa en Roland Garros por "salud mental"», *As*, 27 de mayo de 2021. Disponible en <https://as.com/tenis/2021/05/27/roland_garros/1622104722_769519.html>.

portistas ponía de manifiesto que la salud mental era un componente esencial en su rendimiento y sin ella, a pesar de su estricta rutina de entrenamiento y su veteranía, no les era posible competir.

Desde entonces, podría decirse que la salud mental «ha salido del armario».

Muchos personajes públicos han empezado a hablar sin tapujos sobre los periodos más oscuros de sus vidas, en los que han sufrido ansiedad, depresión o ataques de pánico.

Si bien en los casos mencionados del deporte de élite puede resultar claro el beneficio de destapar posibles abusos o dinámicas en exceso exigentes, ha llegado un punto en el que parece haberse alcanzado el otro extremo y **nos hallamos frente a una avalancha de revelaciones privadas sobre las batallas personales de cada uno.** Ahora parece que a todo el mundo le pasa algo y existe una creencia de que «visibilizando el problema, ayudarán a otros». Esas declaraciones públicas de lo que en otro tiempo fueron sus miserias suelen provocar grandes muestras de apoyo y de gratitud por parte del público. Y aunque compartirlo puede ser útil, en algunos casos esta tendencia parece haberse llevado a un cierto exhibicionismo, y lo que antes se escondía hoy se muestra sin tapujos.

La idealización de algunos personajes famosos se hace aún mayor cuando se declaran «de carne y hueso» en el terreno emocional y capaces de sufrir como lo hacemos los demás. En una nota de prensa, el escritor Jordi Soler habla del «curioso prestigio que últimamente tienen las personas frágiles»,[2] como si se tratara de un superpoder. Tras una declaración de ese tipo, se adquiere un cierto estatus, un aire de desdicha que añade humanidad y un cierto misticismo al personaje en cuestión.

Ciertamente, **visibilizar un problema puede ser útil, pero también es posible que implique otro tipo de consecuencias.** Si eso les ocurre a las personas famosas o, por descontado, a los *influencers,* lo que se puede generar inmediatamente, sobre todo entre los adolescentes, es un deseo de emularlos en eso también. La continua documentación de sus desventuras pasadas o presentes en las redes sociales ha causado otro tipo de fenómeno entre algunos jóvenes, cuyo deseo de identificarse con sus iconos puede llegar a ser un tanto excesivo.

La palabra *influencer* habla por sí misma y describe una ocupación cuyo fin es justamente ese: influir en lo que hacemos, lo que comemos, cómo nos vestimos y un sinfín de cosas más. Nos guste o no, un *influencer* realmente puede llegar a ejercer una gran autoridad sobre las mentes inmaduras y volubles de los jóvenes. Al tiempo que intentan emularlos, desarrollan hacia ellos un verdadero apego que puede dar pie a otro tipo de problemas relacionados con su propia inseguridad y consiguiente insatisfacción personal, algo de lo que hablaremos más adelante.

Esta mayor divulgación de temas relacionados con la sa-

2. Jordi Soler, «Oscuros objetos de deseo», *Milenio*, 22 de noviembre de 2021. Disponible en <https://www.milenio.com/opinion/jordi-soler/melancolia-de-la-resistencia/oscuros-objetos-del-deseo>.

lud mental se nota en la práctica clínica. Por un lado, hay una mayor concienciación sobre su importancia y más sensibilización hacia temas que en el pasado se han pasado por alto (como los cuadros de ansiedad o de depresión) y, en general, una mayor aceptación de la necesidad de buscar ayuda profesional. Pero también se da una contrapartida que hemos detectado en los servicios de asistencia para adolescentes del Reino Unido y que constituye una nueva tendencia sobre la percepción de la salud mental. Algunos adolescentes afirman sufrir ciertos trastornos sin haber sido diagnosticados formalmente por ninguna entidad profesional. Algunos se autodiagnostican con un test que obtienen en Google o de fuentes de información cuestionables, generalmente en redes sociales, que tienden a simplificar cuadros clínicos, incluso aquellos más complejos que, con frecuencia, son difíciles de determinar incluso para los profesionales.

Por ejemplo, hay jóvenes cuyos frecuentes cambios de humor hacen que, fácilmente, se autodiagnostiquen de bipolaridad. Cualquier persona que dedique tiempo a estas actividades puede llegar a creer que cumple todos los requisitos de un trastorno específico, como se hacía antiguamente si eras un poco hipocondríaco y leías la enciclopedia médica. Pero eso no es todo: entre los jóvenes, vemos que la idea de tener un trastorno mental les da un cierto prestigio entre sus amistades y crea un aire romántico de tortura mental, de interés y de empatía a su alrededor, a pesar de que, a la larga, puede resultarles contraproducente.

Veamos un ejemplo, sacado de mi propia experiencia en la clínica de salud mental para niños, adolescentes y familias. En un momento dado, acudían por separado dos adolescentes que, casualmente, se conocían del colegio y eran amigas. Estas dos chicas veían a dos profesionales distintos, pero de vez en cuando se encontraban en la sala de espera, lo que generó una especie de competición entre ellas. En una ocasión, una le dijo a la otra: «Bueno, está claro que yo tengo que estar peor que tú, porque yo tengo visita cada semana mientras que tú solo vienes cada quince días». En las reuniones del equipo de profesionales nos preguntábamos cómo abordar esta temática y especulábamos sobre cuáles eran los motivos para querer, en cierto modo, ser un caso más preocupante o estar más grave, y cómo ello iba a influir en el proceso de recuperación hacia el que creíamos estar trabajando.

Nos dimos cuenta de que, **para adolescentes con baja autoestima, que quizá se piensen con pocas perspectivas de éxito en otros ámbitos de la vida, un diagnóstico de salud mental es lo único que puede crear interés a su alrededor** y por el que reciben atención de padres y profesionales, lo cual ya es un problema en sí. Esta reacción responde a un perfil psicológico muy concreto, aunque no necesariamente el que creen padecer ellas, pero para el que también necesitarán ayuda. Lo más preocupante de este tipo de cuadro es que desarrollan un apego hacia la idea de padecer algún trastorno de salud mental y eso pasa a formar parte de su identidad.

A veces, una etiqueta puede dificultar su recuperación, ya que condiciona las relaciones que establecen con su familia y con su círculo social.

Se crea una expectativa de ser tratada como una persona frágil, de la que no se deben esperar ciertas cosas, y ese tener que andar con pies de plomo a su alrededor puede fácilmente convertirse en una tiranía para las personas que la rodean, a la vez que no ayuda al proceso de recuperación.

Eso es, precisamente, todo lo contrario a construir *resiliencia,* ese término que tanto se oye hoy en día y que es la capacidad de sobreponerse en momentos críticos y adaptarse tras haber experimentado alguna situación inusual e inesperada; es la capacidad para afrontar y gestionar situaciones adversas sin venirse abajo, volviendo a la normalidad e incluso habiendo aprendido algo útil.

Exceso de información

Es posible que la crisis de salud mental actual también sea el resultado del mundo en el que vivimos, donde todos los estímulos parecen llegar más acelerados o ser de mayor intensidad. Recibimos una gran cantidad de información de muchas fuentes distintas que intentamos procesar adecuadamente, pero que, sin duda, nos crean infinidad de emociones de las que no somos conscientes, que no tenemos oportunidad de procesar y que, a su vez, pueden desembocar en un estado de ánimo cuyo origen desconocemos.

Por ejemplo, un día cualquiera, uno se despierta y mira las noticias, tal vez en la televisión, si es de los que la encienden por la mañana, o en el teléfono móvil, donde pueden entrar noticias de actualidad, estadísticas sobre la progresión de alguna nueva enfermedad recién descubierta y, para rematar, alguna guerra, una invasión o un desastre natural en algún punto del planeta. A esto se le puede sumar el profundo y atrayente pozo de las redes sociales, tal vez Twitter (o X, como se llama ahora) —con su versión paralela de la actualidad y vociferante sobre todo ello—, quizá Instagram o Facebook —donde observamos con cierta desconfianza vidas idílicas que en nada se parecen a la nuestra, pero donde puede haber mensajes que esperen o exijan una respuesta— y, por supuesto, no hay que olvidar el correo electrónico, que utilizamos tanto para temas de trabajo como personales. ¡Toda una avalancha sensorial! Es decir, antes de tomarnos el primer café de la mañana, ya hemos sufrido **un chaparrón informativo que puede habernos evocado una serie de emociones que no tenemos espacio mental para procesar.** No solo estamos sobresaturados de información (muchas veces innecesaria), sino que parte de esos estímulos nos invitan a interactuar o tal vez crean una expectativa de que deberíamos hacerlo, y esto puede generar en nosotros ansiedad.

Algunas personas dicen: «Me he levantado mal y no sé por qué». Luego, tal vez hablando con alguien de confianza, les expliquen que la noche anterior tuvieron una discusión o vieron una película que les recordó un episodio difícil de su propia vida, o se les estropeó el calentador de agua y eso supone una gestión molesta y un gasto con el que no contaban. Algo de lo que ocurrió el día anterior puede haber dejado una pequeña huella de incomodidad de la que no eran conscientes y habérselo explicado a alguien ha arrojado algo de luz sobre el problema. Sin embargo, hay otras personas que «se despiertan mal», pero no tienen tiempo de pararse a pensar: han de salir corriendo a trabajar, después de llevar a los niños al colegio, y decidir si han de pasar por el súper antes de la cena y valorar en qué punto del día podrán llamar a su madre. Es decir, se sienten sobrepasados por el trajín diario y no se pueden permitir el lujo de analizar su pequeño tropiezo del día anterior.

Esa simple combinación de circunstancias puede generar una cierta ansiedad que, si no es identificada de forma consciente, acaba entremezclándose con otras hasta que se le pierde la pista. El estado de molestia o de irritación continua es como un nudo que no se puede deshacer, pero poco a poco se ha ido convirtiendo en un compañero habitual del que no se es consciente. Y un buen día, el cúmulo de todas esas pequeñas cosas sin resolver puede hacer que aparezca un síntoma como, por ejemplo, un periodo de insomnio. **Los síntomas son la primera señal de alerta,** aquello que nos indica que algo no está bien. En la adolescencia, un periodo por naturaleza egocéntrico y en el que las emociones se viven con mayor intensidad, **esta saturación emocional puede dar pie a un trastorno.**

Tal vez el insomnio esté generando un estado de fatiga que, a su vez, quizá genere estados depresivos. Es decir, esa combinación puede hacer que las cosas vayan empeorando gradualmente. Por lo general, cuando se acude a un profesional, la primera visita suele estar centrada en el síntoma porque resulta molesto, interfiere con el día a día y la persona busca aliviar ese problema.

En psicoterapia psicoanalítica, cuando empezamos a trabajar con un paciente, nos dedicamos a *escarbar* entre todo ese lío de emociones hasta que encontramos un hilo conductor, y de ahí empezamos a tirar. Con frecuencia, la persona que tenemos sentada frente a nosotros tiene como prioridad aliviar ese síntoma y no quiere desviarse del tema. A veces preguntan: «¿Y eso qué tiene que ver con lo que me pasa?».

Ese proceso exploratorio quizá provoque ansiedad, porque la conversación con el terapeuta puede ofrecerles otros puntos de vista y, por lo tanto, es posible que esté desmontando un poco su narrativa o su versión de las cosas. Por ello es necesario ir despacio y que la persona sienta que continúa estando «en tierra firme» y no en arenas movedizas en las que todo lo construido hasta ese momento corre el peligro de derrumbarse. Para eso está la presencia firme del terapeuta, como alguien que te da la mano cuando se tiene que cruzar un bosque frondoso. El bosque está oscuro y adentrarse sin saber dónde está la salida puede dar miedo.

Existe la noción popular de que el terapeuta debe ser, ante todo, empático. Eso es importante, pero no es recomendable que se identifique totalmente con el sufrimiento del paciente y tiene que aprender a sostener su atención sin dejarse llevar por la corriente de lo que cuenta este. A la vez, es esencial que observe a la persona mientras habla, que note su estado emocional y el suyo propio, porque eso también es una fuente importante de información. Cuando un psicoterapeuta está frente a un paciente, se encuentra (o, al menos, debería estar) en un estado receptivo, abierto a la comunicación multisensorial y atento a la observación minuciosa de esa persona, de cómo se presenta ante nosotros y qué es lo que nos transmite. En ocasiones, el contenido de lo que nos explica evoca en el terapeuta una reacción emocional según lo que ve en el paciente, pero hay casos en los que no es así. El paciente puede estar narrando un episodio doloroso, pero la reacción que despierta en el terapeuta no es la esperada. Este puede sentir cosas muy variadas, no siempre totalmente acordes con lo que está oyendo. Lo importante es darse cuenta y analizarlo, porque esa reacción es una importante fuente de información sobre el paciente y sobre su relación con el mundo que le rodea.

El psicoterapeuta británico Graham Music[3] describe el encuentro terapéutico de la siguiente manera: si alguien cae en una zanja, quizá quieras intentar ayudarlo, pero es importante hacerlo a la distancia adecuada; acercarte demasiado puede hacer que caigas dentro tú también y, por otro lado, hacerlo a demasiada distancia no será suficiente. Es decir, hay que calibrar bien ese contacto.

Entonces, ¿qué es exactamente la salud mental?

La salud mental se construye poco a poco. A grandes rasgos, es el **resultado de nuestra herencia genética y de cómo esta se va entretejiendo con nuestras experiencias a lo largo de la vida.** Al igual que una comida bien equilibrada, debe tener todos los ingredientes en su medida justa para que resulte un alimento sano, nutritivo y que promueva el desarrollo.

3. Graham Music, *Nurturing Children: From Trauma to Growth Using Attachment Theory, Psychoanalysis and Neurobiology,* Londres, Routledge, 2019.

Una buena salud mental se construye con todo tipo de experiencias, algunas buenas y otras más difíciles que hay que aprender a sortear. Las buenas nos sostienen, nos ayudan a desarrollar nuestros recursos internos y nos capacitan para afrontar los vaivenes de la vida. Las malas ponen a prueba esos recursos y, si no son excesivas y se pueden gestionar adecuadamente, nos fortalecen y nos enseñan, por lo cual es necesario tener una combinación equilibrada de ambas. En el caso hipotético de que un niño no tuviera jamás ningún contratiempo desde que nace, sería como si se criara a base de caprichos, de dulces y golosinas, tal vez se sentiría momentáneamente satisfecho, pero por otro lado estaría incapacitado, carente de muchos nutrientes esenciales y, sobre todo, debilitado frente a la vida.

La salud mental se construye todos los días a lo largo de nuestra trayectoria vital. Las experiencias adversas o los pequeños *traumas* van dando forma y curtiendo nuestra sensibilidad, de modo que no todo nos afecta de la misma manera, a la vez que desarrollamos defensas psíquicas con las que afrontamos el día a día.

Todas las personas nacemos con un potencial que puede llegar a cumplirse en alguna medida, según las oportunidades que tengamos a lo largo de la vida y cómo aprendamos a utilizarlas. Desde un principio, nos adaptamos a las circunstancias en las que nacemos para ir sobreviviendo y así vamos desarrollando unas habilidades y abandonando otras. Es difícil aprovechar de forma efectiva todas nuestras vertientes, porque probablemente muchas las desconozcamos, ¡aunque algunas personas multitalentosas parecen lograrlo! La mayoría nos conformamos con dedicarnos a hacer unas cuantas cosas medianamente bien.

Es importante diferenciar una experiencia adversa de un trauma. ¿Qué entendemos por *experiencia adversa*? El ejemplo más obvio es que cuando un niño se cae al suelo, ha de aprender a levantarse él solo. Hay familias en las que alguien suele correr a levantarlo, mientras que en otras se observa cómo el niño, con su propio esfuerzo, se agarra al sofá y se levanta solo. O, por ejemplo, si ese niño está a la orilla del mar y una ola lo tira al suelo, se lleva un pequeño susto que tal vez lo impulse a salir del agua y buscar refugio en brazos de su padre. Eso no impedirá que luego quiera volver, ahora ya más preparado, sabiendo lo que le puede ocurrir. A muchos niños les gustan los desafíos de ese tipo. Otra experiencia adversa para un niño puede ser decirle que no a algo, por ejemplo, a comerse un helado justo antes de la cena. Aunque todo eso le parezca una contrariedad y algo que le hace momentáneamente infeliz, a la vez sabemos que gestionar esa frustración o esa caída es algo que tiene que aprender a hacer él solo, porque ese tipo de experiencias son necesarias para el crecimiento.

Por el contrario, una *experiencia traumática* excede los límites de lo que nuestra mente puede procesar y deja una huella que, aunque aparentemente cicatrice, con frecuencia da pie a síntomas o trastornos psicológicos más adelante.

Por lo tanto, **la psique es como una goma elástica: si la estiras un poco, puede abarcar más, pero si la estiras demasiado, cede y se rompe.** Esa elasticidad le permite adaptarse a las demandas del entorno, pero dentro de los límites que puede tolerar y gestionar con éxito; eso es el crecimiento. Si, por el contrario, esas demandas son excesivas, la persona sobrevive, pero suele pagar un precio.

¿Cuándo hay que intervenir?

Un fenómeno frecuente hoy en día es la relativa confusión entre estados de ánimo y cuadros clínicos de salud mental.

En los servicios de asistencia de salud mental para niños, adolescentes y familias, a veces nos derivan casos como este: «Paula está muy triste desde que se murió su abuelo materno hace un mes: llora con frecuencia, cuando siempre ha sido una niña muy alegre. Sus padres se separaron cuando Paula tenía seis años. Por favor, queremos que la vea un profesional para ayudarla a superarlo». Nuestra respuesta habitual es que estar triste y llorar es una reacción sana y normal frente a la pérdida de un familiar cercano al que se quiere. Lo raro sería lo contrario, que el abuelo muriera y la nieta no mostrara ninguna reacción; eso sí que sería preocupante. Ahora bien, aquí pueden estar influyendo muchos otros factores. Todo depende de la situación en la que se encuentre Paula. Si los adultos que tiene a su alrededor lo saben gestionar bien, hablarán del abuelo, estarán también tristes con ella, mirarán fotos de él y recordarán anécdotas gratas hasta que, poco a poco, la figura del abuelo se incorpore al mundo de los buenos recuerdos y tome residencia allí, en la memoria colectiva de la familia. Los abuelos pueden ser un gran apoyo, especialmente en las familias monoparentales, y su pérdida, aunque sea parte del curso natural de las cosas, puede ser muy difícil de sobrellevar.

Ahora bien, si la madre de Paula es una persona pesimista y de naturaleza depresiva, es posible que ella también se sienta desolada por la pérdida y que, por lo tanto, no pueda apoyar a Paula en su proceso de duelo. Es decir, sin un adulto que la ayude a procesar sus emociones, el dolor de Paula se puede enquistar. De hecho, es posible que esa muerte evoque en la mente de Paula otras pérdidas, como cuando su padre se fue de casa tras la separación. Todo ese torbellino de emociones puede aumentar su sensación de pérdida y hacerle sentir que ha ocurrido algo irreparable y que la vida nunca será igual; que algo se ha roto para siempre. Y cinco años después, cuando acudan a los servicios de salud mental y empecemos a indagar, quizá mencionen la muerte del abuelo como «el principio de la depresión de Paula».

A día de hoy, es frecuente oír a adolescentes hablando de «su salud mental» cuando hacen referencia a un estado de abatimiento, de decepción o de tristeza transitorio. En estos casos, es fácil construir un cuadro clínico cuando no lo hay y esto se puede agravar si los padres responden de forma acorde con esa hipótesis. Es decir, si el joven está pasando por un momento difícil, es necesario **prestarle atención y apoyarlo, animarlo a hablar y a compartir lo que le pasa, pero es importante no patologizar algo que, probablemente, sea transitorio.** Este es un aspecto importante y algo con lo que lidiamos frecuentemente en los servicios de asistencia de adolescentes. De hecho, esa tendencia a patologizar estados pasajeros normales es contraproducente, ya que magnifica y distorsiona la realidad.

Pongamos otro ejemplo: María puede estar pasando

una época difícil tras una ruptura de pareja y sentirse mustia y afligida. No le apetece mucho salir de casa ni quedar con sus amigas. Se vuelve menos comunicativa durante unas semanas. No tiene apetito y se muestra arisca cuando se le pregunta si está bien. En estos casos, lo más indicado es dedicarle tiempo, darle oportunidades para hablar si está dispuesta, animarla a salir y sugerirle cosas que se pueden hacer en familia o con sus amigos. Y esperar. En este punto no hace falta hacer nada más.

La inmensa mayoría de los jóvenes se repondrán de su rotura de corazón y poco a poco se reincorporarán a la vida de forma normal. La recuperación de María dependerá en gran medida de la ayuda que reciba de su entorno, sean familiares, amigas, profesores u otras personas con las que mantenga una relación frecuente y fluida. **El apoyo externo les sirve para procesar sus emociones de una manera más realista y proporcionada** y tal vez incorporar algunos puntos de vista que a ellos no se les habían ocurrido. Una adolescente que había vivido una ruptura reciente me dijo: «Mis amigas ya me decían que no me podía fiar de él, ellas no lo conocen tan bien como yo, pero ahora veo que, en algunas cosas, quizá tenían razón».

La permeabilidad a los puntos de vista ajenos también dependerá de cómo es María por naturaleza: si es comunicativa y sociable, estos procesos curativos ocurrirán de forma natural, mientras que si es reservada, tiene un círculo de amigas muy pequeño y habitualmente pasa mucho tiempo sola en su habitación, es más probable que tarde más en reponerse e incluso es posible que el problema se agrande en su mente.

Entonces, **¿cómo saber cuándo hay que intervenir?** Pues observando con cuidado. Si ya han pasado tres meses y María sigue abatida y alejada de lo que era su vida habitual antes de la ruptura, tal vez haya que intervenir. **Cuando un estado de ánimo bajo se convierte en crónico, es aconsejable buscar ayuda profesional.** Tal vez todavía no se trate de un cuadro clínico grave, pero, si después de un tiempo prudencial no se detectan cambios en su estado emocional, no tiene sentido esperar a que las cosas empeoren.

Estados emocionales

Las emociones son legítimas y necesarias, nos comunican cómo nos sentimos ante una situación —es decir, son una fuente de información sobre nosotros mismos—, pero a veces nos sobrepasan y nos paralizan a la hora de actuar de forma eficaz. **Identificar emociones lleva al autoconocimiento, que es el instrumento más poderoso para un desarrollo sano.** Ese es el proceso que hay que enseñar a los jóvenes durante la crianza; los adultos que los rodean han de ayudarlos a contener, identificar y gestionar ese torbellino de forma efectiva.

En el Reino Unido, cuando un joven empieza un tratamiento, es habitual ofrecer apoyo psicológico a los padres, para que estos puedan ayudar a consolidar el proceso de cambio y, a la vez, revisar sus propias creencias y actitudes, ya que, en algunos casos, su modo de gestionar las cosas puede haber contribuido al problema o incluso entorpecer la recuperación sin que hayan sido conscientes. Ese proceso es una mezcla de apoyo y psicoeducación y puede ayudar a los padres a detectar situaciones e intervenir de forma eficaz antes de que esa crisis se convierta en un problema crónico de salud mental. **Identificar las emociones y aprender a leer las conductas de los hijos** se convierte en una gran labor preventiva, ya que **puede ayudar a los padres a intervenir de forma efectiva para evitar una crisis mayor,** que llevaría al adolescente a desarrollar trastornos más serios como la anorexia, conductas de autolesión o, en algunos casos, el suicidio.

Caso práctico: Alberto
Cuando la familia se rompe

Alberto, de quince años, fue derivado a los servicios de salud mental cuando una de sus profesoras se percató de que parecía haber perdido la motivación, vagaba por los pasillos en vez de asistir a clase y, a pesar de ser un entusiasta del fútbol, había dejado de acudir a los entrenamientos deportivos. Cuando la profesora contactó con sus padres para transmitirles su preocupación, su madre le dijo que, tres meses atrás, habían decidido separarse y que el padre había dejado el hogar para instalarse temporalmente con un familiar.

Durante la conversación que yo tuve con la madre, esta me explicó que la separación era definitiva y que Alberto, que era el mayor de tres chicos, lo había encajado bastante mal. Se había creado una gran tensión entre madre e hijo y estaban teniendo muchas discusiones que acababan a gritos. Ella había optado por no preguntar cómo le iban los estudios porque estaba harta de discutir por todo.

Alberto continuaba viendo a su padre con regularidad, ya que tenían una relación muy estrecha, y la madre creía que, al haber iniciado ella la separación, la lealtad que Alberto tenía hacia su padre acrecentaba su antagonismo hacia ella.

Alberto siempre había sido un chico sociable y popular y tenía buenos amigos, pero últimamente se quedaba en casa en vez de acudir a fiestas, alegando que se aburría y que no tenía ganas. Ella reconoció que, por ser el mayor, había recurrido a él para que la ayudara en ciertas cosas, como, por ejemplo, hacer de canguro de sus hermanos menores si ella tenía que salir.

Alberto acudió a la primera visita muy abatido. A nivel cognitivo, era capaz de comprender que, cuando dos adultos no se llevan bien, se separan, pero reconocía que le costaba aceptarlo. Tiempo atrás, cuando veía que esto le ocurría a alguno de sus amigos, intentaba darles su apoyo, pero ahora se daba cuenta de que no tenía ni idea de lo mal que lo debían de estar pasando.

Alberto me explicó que sus padres se conocieron en el instituto donde estudiaban y se casaron jóvenes. Describió a su padre como una persona tranquila y familiar, algo distinta de su madre, a la que consideraba más inquieta y ambiciosa. A pesar de estas diferencias, se sorprendió mucho cuando les anunciaron la separación. Él había estado bastantes días dándole vueltas y pidiéndoles una explicación, pero, según él, todas las razones que le daban le parecían cosas sin importancia o algo que podían resolver si ponían empeño. Comentó que su madre había empezado a salir por la noche y se apresuró a decirme que a él le parecía muy bien, porque comprendía que ella quisiera conocer a otras personas, pero eso significaba que él tenía que quedarse con sus hermanos y eso estaba empezando a fastidiarle.

En las sesiones siguientes, Alberto ya se sentía más cómodo hablando conmigo y empezó a profundizar sobre estos temas. Me explicó que acababa de romper con su novia, con la que llevaba saliendo unos meses, desde antes de la separación de sus padres. Eso también estaba afectando su estado de ánimo y, según él, le ayudaba a imaginarse cómo lo estaba pasando su padre, al que veía triste y deprimido. Alberto sentía que ahora eran más «colegas» que padre e hijo, y eso le gustaba y le hacía sentirse maduro y útil. Veía a su padre con regularidad porque estaba preocupado por él, pero eso hacía que, interiormente, culpabilizara a su madre.

Alberto se quejaba de tener que hacer de canguro, pero, además, le perturbaba ver a su madre de 38 años arreglada para salir cuando tenía una cita «como si fuera una chica joven». Estaba sobreidentificado con su padre y notaba que él mismo también se sentía, de algún modo, traicionado, y eso le causaba incomodidad y una cierta confusión, hasta el punto de que no sabía si sus sentimientos eran hacia su novia o hacia su madre. Reconoció que, a veces, provocaba a su madre o se peleaba con ella por tonterías, porque no se atrevía a decirle lo que sentía de verdad y así por lo menos se desquitaba.

Quedarse con sus hermanos le parecía un fastidio, pero, en las sesiones siguientes, reconoció que tampoco le apetecía salir con sus amigos por miedo a encontrarse con su exnovia o a verla con otro chico. Es decir, no quería salir, pero tampoco le gustaba la idea de no poder salir para que su madre se divirtiera y tal vez conociera a algún pretendiente. ¡Encima eso! La idea de tener que conocer a un novio de su madre le resultaba difícil de aceptar y, según él, quería asegurarse de que «el tío era decente».

Los exámenes le habían ido mal y el centro había convocado una reunión con sus padres. Su madre era reacia a tener otro enfrentamiento con él y le había dicho: «Allá tú, si suspendes, las consecuencias serán para ti y quizá tengas que repetir». Eso lo desanimó, porque le parecía que su madre se estaba lavando las manos en su responsabilidad hacia él. Le habría gustado que ella se involucrara más y lo animara, como hizo en el pasado, pero también reconocía que su antagonismo hacia ella se lo ponía difícil. Estaba atrapado por sus emociones.

Afortunadamente, tras un periodo de desesperanza y de conductas poco recomendables, Alberto encontró un refugio en las sesiones de terapia y asistió regularmente durante una larga temporada. Le aliviaba poder apoyarse en una persona adulta que no fuera de su familia, ya que, de ese modo, sentía que no estaba tomando partido por uno de sus progenitores y eso le permitía pensar en ellos con mayor ecuanimidad. Identificar y comprender sus emociones también lo ayudó a mejorar la comunicación con sus padres y a tomar una cierta distancia con relación a la separación. Lejos de acusar a uno u otro, dejó que los adultos lo resolvieran entre ellos. En una conversación con su madre, esta me dijo que había notado un gran cambio en su relación con Alberto, que resumió con la frase «Ha vuelto a nosotros, ha vuelto a la familia».

No es difícil imaginar cómo esta situación, que, por otro lado, es bastante corriente en la vida actual, puede causar una gran turbulencia emocional para un chico de quince años. Alberto no tenía un trastorno mental, sino un gran disgusto, un dolor interno que no sabía cómo acallar. Pero ese torbellino había empezado a afectar a su bienestar y, con ello, a sus estudios y a sus relaciones personales y familiares. Su relación con su madre, con la que vivía la mayor parte del tiempo, se había enfriado y en esos momentos su padre le preocupaba, por lo que no creía que pudiera recibir su apoyo. Es decir, debido a esa circunstancia familiar, Alberto se sentía desatendido.

Alberto, al igual que todos los miembros de su familia, estaba viviendo el duelo de la desintegración del hogar. No es una herida permanente, pero es dolorosa y hay que esperar que cicatrice. **Una separación de pareja siempre tiene consecuencias para todos los miembros de la familia** que habían creado juntos, y cada uno de ellos lo gestionará de la mejor manera posible movilizando sus recursos internos. Cuando algo así ocurre durante la adolescencia, las consecuencias pueden ser muy diversas, ya que este período se caracteriza por la impulsividad, el idealismo exaltado y un sentido de la justicia bastante idiosincrático.

En el caso de Alberto, le era fácil buscar actividades que lo ayudaran a alejarse de esa confusión interna y a recuperar una sensación de control. Por ejemplo, podía decidir irse de juerga (cuando no estaba haciendo de canguro de sus hermanos), quizá empiece a beber o a fumar porros o se anime a participar en cualquier conducta que conlleve un cierto riesgo. Esas opciones se vuelven más atrayentes cuando el adolescente siente que ha perdido el control y que las cosas no están yendo del todo bien. Instigar el desastre le da una sensación de que él ha recobrado el control de lo que podía ocurrir, y va a ser porque él quiere y, lamentablemente, porque ya nada le importa, «De perdidos, al río».

Durante el desarrollo de un niño o adolescente suele haber varios puntos de inflexión, bifurcaciones en el camino en las que tomar una u otra vía puede dar resultados muy distintos. Los adolescentes se caracterizan precisamente por la tendencia a querer manifestar su punto de vista, a dejar huella, pero no siempre actúan ayudados de una cuidadosa reflexión. Y es en esos momentos en los que la reacción de los padres puede ser clave, ya que es posible que un enfrentamiento impulse al joven a tomar decisiones que den expresión a su furia y su rebelión, aunque eso tenga consecuencias más serias para él.

Esto no quiere decir que un enfado puntual entre padres e hijos cause siempre un daño irreparable. En mi opinión, todos los padres y las madres cometen errores durante la crianza, porque ellos también están aprendiendo a gestionar situaciones inesperadas y en la inmensa mayoría de los casos siempre surgirán nuevas oportunidades para reconducir las cosas y llegar a un mayor entendimiento. Pero hay que estar atentos a cómo una situación tensa en la familia que se mantiene durante un período de tiempo puede impulsar al adolescente a buscar sus propias soluciones, en las que casi siempre habrá un instinto rebelde y un cierto deseo de venganza hacia la autoridad.

Hace unos años, trabajé con un adolescente que llevaba tiempo desafiando las normas del instituto al que asistía y corría el peligro de ser expulsado. Se le había dado una última oportunidad de aceptar las sanciones impuestas y permanecer en el centro, pero tenía que demostrar buena conducta sabiendo que no se le toleraría la menor infracción. Esa situación de estar continuamente vigilado «por si se pasaba de la raya» le causaba tal ansiedad que un buen día, por un motivo sin importancia, empezó a discutir con un profesor y lanzó una silla contra él. Es decir, en su mente tomó el control de la situación e hizo algo sabiendo que un acto de ese calibre supondría la expulsión inmediata, porque estar a merced del dictamen de otros sobre su conducta le causaba demasiada ansiedad. Así que él decidió cuándo se iba, cometiendo una infracción imperdonable.

Este adolescente se metía continuamente en líos, pero tenía muchos otros talentos: era ingenioso e inquieto y tenía una habilidad deportiva innata. Cuando comentaba su caso con el equipo, pensábamos: «Dentro de unos quince años, o será millonario o estará en la cárcel», porque, si poníamos en un lado de la balanza sus cualidades y en el otro su impulsividad, era difícil ver cuál de ellas tendría un peso mayor. En cierto modo, hay que protegerlos de lo que puede desatar su propia fuerza en cualquiera de sus vertientes.

No olvides que...

- La salud mental es fruto de un largo proceso y es el resultado de la combinación entre el temperamento de cada uno y las experiencias, tanto favorables como adversas, que se acumulan a lo largo de su vida. Es importante recordar que se construye paulatinamente y no tiene por qué estar definida por una experiencia traumática, ya que, con una intervención a tiempo, siempre puede encontrarse un modo de reconducir las cosas.
- Un estado emocional alterado NO es un trastorno de salud mental. Estar disgustado o deprimido después de un acontecimiento triste es una reacción adecuada y sana. Lo importante es saber valorar el impacto y el peso que las experiencias tienen sobre

el bienestar de cada uno y, si ese estado de abatimiento se hace crónico, es recomendable buscar ayuda profesional.

- El estado mental de los padres siempre impacta al bienestar emocional de la familia, aunque no se haya hecho ningún «comunicado oficial» al respecto. Con frecuencia, los síntomas que aparecen en el niño o en el adolescente son una mera expresión de una dinámica familiar disfuncional. Por lo tanto, el modo de abordar un problema de salud mental es prestando apoyo a la unidad familiar, empezando con sesiones para la familia al completo o bien con atención individual para el niño con sesiones en paralelo para los padres.
- Los hijos aprenderán la gestión de las emociones durante la crianza en el entorno familiar, por lo tanto, la conducta de los padres actuará como un referente interno. Los padres no son terapeutas, pero pueden ayudar a sus hijos a identificar y aceptar sus estados emocionales.

2

El contexto familiar como punto de partida

Un bebé no nace en un vacío, sino que, desde su concepción, nueve meses atrás, ya ha estado viviendo en un entorno intrauterino con ciertas características que irán marcando su desarrollo. Y ese útero pertenece a una mujer que ha vivido su maternidad inminente de una forma concreta. Es posible que sea el primer hijo de una pareja unida y feliz o un cuarto hijo que ha sido concebido de una manera accidental, un hijo que puede haber llegado después de varios abortos espontáneos o de una fecundación *in vitro,* o incluso que sea el producto de una violación o de un incesto. Es decir, el modo en el que fue concebido marca el principio de un largo camino en la relación que se establecerá entre la madre y el hijo. Desde que se toma la decisión de tener un hijo, se pone en movimiento todo un engranaje de emociones y de fantasías sobre cómo será, **el bebé ya es un ente, empieza a existir en la vida de la pareja.** Ese es el motivo por el que los abortos espontáneos son pérdidas tan traumáticas, porque, aunque a nivel fisiológico solo se trate de un embrión de pocas semanas, en la mente de los padres ya era una personita.

La llegada de un hijo altera el paisaje de la pareja y cómo han sido las cosas hasta ese momento. El hijo sacará a la luz aspectos de su personalidad que los padres adquirieron en sus familias de origen y que, tal vez, ni tan siquiera ellos conocen, pero que se activan cuando viene el bebé, surgen de su pasado y se instalan a vivir en el ámbito familiar.

No es casualidad que la mayoría de las parejas que se separan tengan hijos, ya que, de no ser así, no habrían tenido la oportunidad de descubrir esas facetas ocultas de la persona a la que, hasta ese momento, creían conocer. **Por mucha preparación que haya, la llegada de un niño causa una sacudida en el universo interior de ambos padres,** algo difícil de imaginar antes de su aterrizaje en este mundo.

Los nuevos padres necesitan ajustarse a ese nuevo rol y es posible que haya desavenencias, incomprensión e incluso tensión entre ellos. Evidentemente la fatiga, la división de los cuidados del niño y toda la infraestructura y la movilización de recursos que se requieren juegan un papel, y a eso se le añade esa revolución interior que se da en cada uno de los progenitores. La experiencia del parto, las responsabilidades añadidas, la falta de tiempo juntos, además de otros sentimientos inesperados (como los celos que a veces se generan en varias direcciones), salen a la luz de forma imprevista y pueden momentáneamente sacudir el mundo interior de esos padres que se creían tan bien preparados.

Asimismo, su nuevo estatus arroja una nueva luz sobre la relación que ambos tenían con sus propios padres y sobre su crianza, y eso puede generar resentimientos y emociones muy convulsos durante este periodo. Es decir, no todo son alegrías. A todo este núcleo de emociones encontradas llega el bebé.

Tal vez os estéis preguntando: «¿Y qué tiene que ver todo esto con la salud mental?». Pues, precisamente, **la salud mental es el producto de un proceso de larga duración que empieza con ese torbellino emocional con el que se recibe al niño.** Sobre ese conjunto de emociones, con las experiencias del día a día y según las características innatas de cada uno, se va construyendo la realidad en la que vive y, con ello, su mente.

> A grandes rasgos, la salud mental es el producto de la interacción entre nuestro temperamento y nuestras experiencias.

Parto, expectativas y teoría del apego

Hoy en día, en la era de la saturación informativa, hay mucho donde elegir y es posible planear el embarazo y el parto meticulosamente según la preferencia y hasta la ideología de los progenitores. Con ello se crean unas expectativas concretas y se construye en la mente de los padres una idea de cómo quieren que su hijo llegue al mundo, porque, además, eso va unido a la creencia de que así el niño será más sano, más feliz y, en resumen, tendrá una vida mejor.

Se invierte muchísima energía en planear un evento —el parto— como si fuera un acto fácilmente predecible y en el que no hubiera muchísimas variables que considerar. Por ejemplo, se olvida que algunos niños llegan antes de tiempo y pasan unos días o incluso semanas en una incubadora, o que el parto se puede complicar y en el proceso de sacar al niño las cosas pueden tomar una dirección inesperada, o que tal vez se necesite hacer una cesárea u otra intervención médica de emergencia. Es decir, ese plan de un parto en paz y armonía con luces tenues y fondo musical se hace añicos, pero nada de eso tiene por qué marcar el destino del niño. Puede ser igual de sano, igual de feliz y tener una vida estupenda.

Sin embargo, cuando ocurren esas cosas, lo que puede haber cambiado es el estado mental de los padres, ya que, en muchos casos, les cuesta mucho encajar ese cambio de planes. Es posible que haber perdido el control sobre el proceso les cause un gran disgusto, haga que aumente su ansiedad y los paralice temporalmente. **Muchas madres y algunos padres viven el parto como una experiencia traumática y, contrariamente a la opinión popular, no se reponen inmediatamente al ver al bebé.** Muchas madres arrastran las secuelas del proceso y eso puede afectar seriamente su estado mental y dar pie a complicaciones de varios tipos, como una depresión posparto. Y eso sí que puede afectar al bebé.

La experiencia del parto también puede resultar traumática cuando la madre siente que no ha sido atendida adecuadamente. Desde hace ya un tiempo, se habla de *violencia obstétrica* y, como en muchos otros ámbitos, es importante matizar y no se debe calificar como tal un parto que, al haber necesitado una intervención médica imprevista, no haya cumplido las expectativas de los padres.

La *Gaceta Sanitaria* de la Sociedad Española de Salud

Pública y Administración Sanitaria (mayo-junio de 2021) la define como:

> [Las] prácticas y conductas realizadas por profesionales de la salud a las mujeres durante el embarazo, el parto y el puerperio, en el ámbito público o privado, que por acción u omisión son violentas o pueden ser percibidas como violentas. Incluye actos no apropiados o no consensuados, como episiotomías sin consentimiento, intervenciones dolorosas sin anestésicos, obligar a parir en una determinada posición o proveer una medicalización excesiva, innecesaria o iatrogénica que podría generar complicaciones graves. Esta violencia también puede ser psicológica, como por ejemplo dar a la usuaria un trato infantil, paternalista, autoritario, despectivo, humillante, con insultos verbales, despersonalizado o con vejaciones.
>
> La violencia obstétrica constituye una discriminación de género y representa una violación de los derechos humanos.

Por lo tanto, durante el parto no solo puede haber surgido una complicación médica, sino que el trato al que se somete a la madre durante ese proceso puede tener repercusiones para su estado mental, con las posibles consecuencias que ello acarrea, tanto para ella como para el niño, porque puede interferir con el proceso de apego.

El *apego* es un término acuñado por el psiquiatra y psicoanalista John Bowlby,[1] que describe el vínculo que nace

1. John Bowlby, *El apego,* Barcelona, Paidós, 2023.

entre un bebé y su cuidador principal (generalmente, la madre) a raíz de sus experiencias tempranas y de cómo se atienden sus necesidades durante la crianza. El recién nacido es totalmente indefenso, su vida depende de los cuidados físicos y psicológicos que recibe por parte de los adultos que lo rodean. Criar no se trata solo de alimentar o satisfacer las funciones vitales, sino de reconfortar, de saber por qué llora, de averiguar qué es lo que le molesta o le duele, de enseñarle a jugar y a comunicarse y de interpretar su comportamiento para empezar a conocerlo. El bebé desarrolla un apego hacia su cuidador principal y, con el tiempo, este proceso se extiende a otras personas de confianza. **Tener un vínculo de apego bien establecido es esencial para un desarrollo sano,** ya que, psicológicamente, se convierte en esa base segura desde la cual el niño puede salir a explorar el mundo. El proceso no es meramente psicológico, sino que la interacción también desencadena el proceso fisiológico de conexiones neurológicas necesarias para el desarrollo cerebral del niño. El bebé necesita esa otra mente para, mediante la interacción entre ellos, poder construir la suya propia.

La presencia de la figura de apego es reconfortante y suele ser el refugio al que acuden los niños en los momentos difíciles. El niño es consciente de que él existe de forma permanente en la mente de ese adulto y, por lo tanto, puede afrontar la vida sintiéndose bien equipado. Esa figura se interioriza y le sirve de soporte interno en su ausencia cuando se enfrenta a un desafío, por ejemplo, en el primer día de colegio, donde tiene que movilizar todos sus recursos para vencer su miedo a lo desconocido.

Los bebés que, por cualquier circunstancia, no han podido establecer un vínculo de apego seguro suelen tener mayores dificultades gestionando las relaciones con otras personas y, tal como veremos en el próximo caso práctico, eso también tendrá repercusiones en su conducta.

Los preparativos: ¿será niño o niña?

Cada familia vivirá este acontecimiento de un modo diferente, pero echando una ojeada rápida a los cambios sociales de los últimos veinte años, no puedo evitar sentir que el simple hecho de tener un hijo parece haberse magnificado, en parte debido a la tendencia actual de mostrar cada etapa del proceso en las redes sociales, desde las primeras ecografías hasta los gritos durante las contracciones.

El proceso de dar a luz, que lleva miles de años ocurriendo de forma natural y privada, con frecuencia pasa a estar en un escaparate virtual y eso puede aumentar todavía más la presión que sienten los padres por cumplir ciertas expectativas. Tengo mis dudas sobre si los *likes* que puedan recibir les compensan el estrés que les puede llegar a crear.

Las cosas se complican todavía más cuando al acontecimiento se le añaden rituales importados de Estados Unidos como el *baby shower* (una fiesta en la que las futuras madres reciben regalos de su entorno antes de la llegada del bebé) o, más recientemente, la fiesta de revelación del sexo del bebé o *gender revealing party,* en la que alguien allegado a los futuros padres está en comunicación con el médico y comparte esa información *top secret.* Entonces se organiza un evento en el que se anunciará a padres y familiares si es niño o niña mediante un pequeño —o no tan pequeño— artificio.

De hecho, ahora lo novedoso es decidir que no se quiere saber el sexo del niño. Hace tiempo que tengo mis dudas sobre si saberlo es mejor o peor. Es posible que, a nivel práctico, sea más útil a la hora de comprar ropa o accesorios, pero, **en ocasiones, puede dar pie a que los padres empiecen a crear en su mente una fantasía de cómo será su hijo o hija que tal vez poco tenga que ver con la realidad.** Es decir, que aumente el número de expectativas con las que se encuentra el bebé cuando nace.

También se puede cuestionar si la dicotomía azul-rosa continúa siendo vigente y qué tipo de mensajes se transmiten sobre los roles asignados a ambos sexos. La industria del juguete ilustra esto a la perfección:[2] el 38 por ciento de los juguetes de niñas revelan arquetipos femeninos de belleza o de cuidadoras, como madres y esposas, mientras que los que van dirigidos a niños los vinculan con profesiones como ingeniero, piloto, policía o militar. El *marketing* le sigue el juego y vemos que el lenguaje dirigido a las niñas utiliza más el diminutivo y los envoltorios son de colores pastel. Sin embargo, en productos para los niños abundan los juegos de acción y las funciones mecánicas o electrónicas acompañadas de prefijos como *súper* o *mega.* Hace ya tiem-

2. Raquel Sáez, «¿Es verdad que los juguetes de niñas ya no son rosas? Lo que revelan los catálogos de Navidad», *La Vanguardia,* 27 de diciembre de 2022. Disponible en <https://www.lavanguardia.com/magazine/mamas-y-papas/20221227/8644309/verdad-juguetes-ninas-son-rosas-catalogos-anuncios-aun-persisten-estereotipos-pmv.html>.

po que se cuestionan **estos estereotipos rancios que perpetúan un mensaje de vulnerabilidad femenina o de endurecimiento masculino,** es decir, de la desigualdad que intentamos combatir desde hace décadas.

El padre o la madre se puede sobreidentificar con el bebé de su mismo sexo antes de su nacimiento y, por ejemplo, planear hacerlo miembro del club de fútbol al nacer o asumir que querrá participar en cualquier otra actividad tradicionalmente asociada con sus aficiones según el sexo. Proyectar en los hijos nuestros sueños e ilusiones es un proceso inevitable, pero es posible que **no conocer el sexo del bebé implique,** inconscientemente, **una mayor aceptación incondicional de lo que venga** y deje la puerta abierta a un mayor abanico de posibilidades para que el hijo pueda elegir su propio camino.

De pareja a familia

Las familias son un organismo que va evolucionando. Los padres primerizos, que invierten tanto tiempo y energía en el primer hijo, suelen relajarse un poco más con los siguientes. La situación del primogénito es compleja, porque es el primero que recibe la avalancha emocional de los padres recién estrenados en su nuevo rol y, con ello, hay privilegios, pero también hay expectativas. Son los pioneros en abrir ese túnel dentro de la montaña que son sus padres, y pueden encontrar tanto un suelo húmedo y fértil como una roca impenetrable.

Este es un tema al que no se le suele prestar demasiada

atención, pero que con frecuencia hace mella en la familia. Las personas de una pareja recién formada están embriagadas la una con la otra, crean un mundo propio de experiencias, sueños compartidos y planes de futuro. En la época del enamoramiento suele haber pasión, entusiasmo y deseo sexual a raudales. Si la pareja se consolida, es posible que decidan tener hijos y, para ello, deberán renunciar un poco a esa embriaguez y a la exclusividad que tienen el uno hacia el otro, porque será necesario abrir un espacio para el proyecto común que es tener un hijo. Es decir, la membrana invisible que rodea a esa pareja ha de romperse un poco para permitir la entrada de una tercera persona. El hijo además hará mella en el cuerpo y en la mente de la madre con los cambios físicos y hormonales durante el embarazo y el parto.

En esas primeras semanas, la burbuja se forma alrededor de la madre y del hijo, que pasan mucho tiempo juntos hasta que el bebé se adapta al mundo y se acostumbra poco a poco a separarse de su madre, a través de la relación con su padre y con el resto de la familia. Durante ese período, en la mayoría de los hogares, el bebé se convierte en el centro del universo y, a excepción de la madre, todo lo demás son planetas distantes y satélites sin rumbo. En algunos casos, el padre puede sentirse desplazado y reaccionar de formas inesperadas frente a la subyugación física y emocional de su pareja, víctima de ese bebé colonizador. Es una época algo convulsa, que requiere un reparto de roles y mucha negociación, pero, si todo va bien, la membrana que rodea a la pareja se abre para albergar a ese hijo. Más adelante, si llegan más hijos, esa estructura familiar se volverá a abrir y, una vez más, el bebé recién llegado será el protagonista y lo pondrá todo momentáneamente patas arriba, hasta que las cosas se aposenten de nuevo. Con el tiempo, **cada hijo ocupará su propio espacio, siempre dentro de esa membrana definida por la pareja inicial, que se ha ido flexibilizando para acomodar a los nuevos miembros.** El bebé tiene que ser el rey durante unas semanas hasta que no le queda más remedio que aceptar que será uno más. Los celos que le tendrán sus hermanos y la rivalidad que se puede dar entre los diferentes miembros de la familia son parte de ese proceso de reajuste, que es sano y normal cuando se expresan las emociones libremente. Este proceso de ruptura y reconstrucción de la membrana es necesario para que puedan salir a la luz todas las emociones que hay que procesar en esta importante etapa de la evolución familiar.

Sin embargo, **en algunas familias, la membrana no se adapta y deja de funcionar del modo adecuado.** En algunos casos, es demasiado flexible y los roles se desdibujan por completo. El niño desplaza a uno de los miembros de la pareja de forma definitiva (con frecuencia, al padre) y pasa a ocupar un lugar más prominente del que le corresponde dentro de ese conjunto familiar. El protagonismo inicial se prolonga indefinidamente y relega a los otros miembros, con lo que la pareja suele distanciarse. También puede ocurrir a la inversa: si la madre no ha conseguido un vínculo de apego lo suficientemente firme, se forman alianzas alternativas que marginan a uno de los progenitores.

Hay otras situaciones en las que la pareja es un ente con una membrana impenetrable para los hijos. En estos casos, los niños crecen en los márgenes, su protagonismo inicial ha sido breve y no ha llegado nunca a tener un lugar propio en el seno de esa pareja, en la que solo caben ellos dos. Los padres son vistos como figuras algo remotas e inalterables. Una versión más frecuente de esta estructura familiar se da en algunos casos cuando hay segundas nupcias, en las que los hijos son testigos involuntarios de la época más tórrida de la unión que forma uno de los progenitores con su nueva pareja. Esa situación de desplazamiento es un momento difícil para muchos niños y adolescentes, la mayoría de los cuales no han vivido eso en su familia de origen, porque, para cuando nacieron ellos, la pareja que formaban sus padres ya había pasado a la etapa siguiente.

Todas las experiencias familiares conllevan una adaptación y un aprendizaje. Los hijos crecen, pero los padres también evolucionan y la mayoría reconocen que no han sido los mismos con el primero que con el tercero. La experiencia de cada hijo según su posición en la familia puede ser un factor determinante en cuanto al carácter y a los recursos que puede desarrollar durante su crecimiento.

Por ejemplo, si los padres se han separado, los hijos mayores pueden parecer más resilientes, porque, con frecuencia, han vivido su primera infancia durante la etapa en la que la pareja estaba más unida. Quizá cuando llegaron los otros hijos, la pareja ya había entrado en crisis y esos hijos no vivieron la estabilidad ni recibieron la misma dedicación que tuvieron los padres hacia el primogénito. Es decir, cada hijo llega en un momento de la biografía familiar y esa circunstancia puede marcar su comienzo en la vida.

En ocasiones, llegan hijos cuando ya no se esperan y eso pone a prueba los recursos internos, logísticos y económicos de la familia. Algunas familias asumen que pueden *apretujarse* y hacer un espacio para otro más, pero para otras, más reacias a cambiar sus planes, un embarazo no planeado puede ser un dilema difícil de sobrellevar.

Caso práctico: Tomás
Cuando el hijo llega a destiempo

Tomás, de trece años, acudió a mi consulta acompañado de sus padres. Estos estaban desesperados con la conducta desafiante de Tomás, tanto en casa como en el instituto. Creían que tal vez sufría de TDA o algún tipo de hiperactividad. Lo describían como desobediente y contestón y decían que no parecía importarle nada, ni las sanciones que le imponía el centro educativo ni los disgustos que estaba dando a la familia. La madre experimentaba la conducta de Tomás como una provocación hacia ella y, como resultado, la relación entre ellos se había deteriorado considerablemente.

Cuando, siguiendo los protocolos habituales del servicio, tomamos el historial clínico desde el embarazo hasta la fecha, se podía ver cómo, desde un principio, la convivencia no había sido fácil. Tomás era el tercer hijo, tenía una hermana de diecisiete años y un hermano de quince. Los padres describían a sus dos hijos mayores como plácidos y buenos estudiantes y, en general, nada problemáticos. Teniendo ya la *parejita,* habían decidido no tener más hijos, así que, cuando la madre se quedó embarazada, se les presentó un dilema. Para entonces, ella había retomado su carrera profesional como asesora financiera en un entorno corporativo y altamente competitivo. Viéndose en esa circunstancia, la madre decidió que era mejor abortar y contactó con una clínica. Sin embargo, en el último momento cambió de opinión y, después de debatir el tema a fondo, decidieron tener ese hijo.

La madre describió a Tomás como un bebé inquieto, de mal dormir y muy demandante de su atención. Tal como había hecho con los dos mayores, le había empezado a dar el pecho, pero, según sus palabras, Tomás nunca tenía bastante y no se despegaba de ella, por lo que, con dos meses, empezó a darle el biberón para poder darse «un respiro». La madre era capaz de reconocer que no había disfrutado de ese bebé como de los dos anteriores y solo experimentó un ligero alivio cuando, con ocho meses, empezó a dejarlo en la guardería durante su horario laboral. La madre describía a Tomás como «pegajoso y llorón» cuando, ya más mayor, lo había dejado al cuidado de otra persona. Al cabo del tiempo, Tomás parecía haberse creado una cierta reputación dentro de su propia familia como un niño difícil de contentar, fastidioso y rebelde. Tampoco tenía una relación cercana con sus hermanos mayores, que vivían ocupados por sus propias cosas, y daba la sensación de que Tomás sufría una especie de marginación social intrafamiliar.

El diagnóstico realizado descartó la posibilidad de que Tomás sufriera de TDA. Durante las sesiones conmigo, se lo veía como un chico inteligente, perceptivo y de unos modales impecables. Me explicaba con exactitud cómo ocurrían los conflictos y qué podría haber hecho él para evitarlos, pero reconocía que se enfadaba con facilidad y, llegado ese punto, le daba todo igual, y eso le entristecía. Asumía la culpabilidad, pero no sabía muy bien de qué. Él también se sentía atrapado en la dinámica familiar que siempre acababa en broncas. En esos casos, le pedía perdón a su madre, pero yo me quedaba con la sensación de que ni él era totalmente sincero en su arrepentimiento ni su madre aceptaba realmente su disculpa. De hecho, la impresión con la que me quedaba era que Tomás nunca había sido realmente aceptado en la familia, casi como si no les perteneciera, y que todos ellos se resignaban a que eso fuera así.

Por lo tanto, en el equipo se decidió que, además de las sesiones individuales para Tomás, era esencial que la familia iniciara sesiones de terapia familiar. Los padres inmediatamente dijeron que sus hijos mayores no querrían asistir y que «ya bastante tenían con tener que aguantarlo».

Lamentablemente, el tratamiento se interrumpió de forma abrupta cuando los padres decidieron enviar a Tomás a un colegio interno. Dijeron que necesitaban un descanso y que lo estaban haciendo por el bien de la familia.

El proceso de exploración que se inicia cuando las familias buscan ayuda puede, en algunos casos, despertar reticencia e incluso enfado. Cualquier conducta problemática en un hijo suele achacarse a que algo ha fallado durante la crianza y, por lo tanto, es fácil caer en el clásico tópico de «la culpa es de los padres». Y, como es de esperar, la mayoría de los padres desean huir de ese sentimiento de culpa, porque lo más probable es que hayan hecho lo que han podido.

Ya sabemos que la vida en cualquier hogar puede estar llena de acontecimientos imprevistos, puede haber enfermedades o muertes inesperadas, ausencias por motivos de trabajo, infidelidades, divorcios... Cosas que ocurren sin que uno lo espere, que crean una pequeña oleada de cambio y requieren un ajuste en el que no siempre encajan todas las piezas.

En este caso, los padres rehuían la culpabilidad, porque les suponía algo que no estaban preparados para afrontar, así que esperaban —y tal vez deseaban— que Tomás tuviera alguna condición médica detectable, para que se le recetara medicación y, como por arte de magia, todos pudieran vivir más tranquilos. Cuando se puso en evidencia que eso no iba a ocurrir y que lo que se requería era un proceso de exploración y de cambio por parte de la familia, su actitud cambió y dejaron de cooperar.

El sentimiento de culpabilidad que suelen experimentar los padres es un problema frecuente en los servicios de salud mental de menores. Ellos acuden a puntos de ayuda buscando alivio, no que los señalen con el dedo. Una vez que se inicia el proceso de exploración de la historia de cada uno, este sentimiento de culpa se va disipando, ya que empiezan a comprender por qué las cosas se dieron de ese modo, aunque ellos actuaran de la forma que creían correcta. Si son capaces de aceptar la verdad sobre sus actos, las posibles consecuencias que eso puede haber tenido sobre sus hijos y, en cierto modo, de perdonarse a sí mismos, entonces es muy posible reconducir las cosas.

En todos mis años trabajando con familias, he presenciado con emoción y alivio cómo muchos padres y madres reconocían sus errores ante sus hijos e incluso les pedían perdón. Ese momento marca un giro importante en su relación, el reconocimiento de la versión compartida y realista de la verdad alivia la culpabilidad y da paso a otras emociones que, hasta ese momento, no habían tenido cabida. Es el principio de un nuevo camino para la familia.

En este caso, tal vez habían buscado ayuda demasiado tarde para ellos, porque la visión que tenían de Tomás ya estaba muy consolidada: o tenía algún trastorno neurológico, como el TDA, o simplemente lo hacía por fastidiarlos. Los padres aceptaban con reticencia la idea de que Tomás había llegado al mundo cuando ellos ya habían cerrado la puerta a la idea de tener más hijos, pero rechazaban cualquier sugerencia que ligara eso con su conducta. Aquella decisión de abortar que dio un giro en el último momento les creaba un sentimiento incómodo, los avergonzaba, pero la conducta de Tomás parecía invocar la idea de que tal vez habría sido la decisión correcta para ellos, lo cual acrecentaba su sentimiento de culpa, un ciclo difícil de romper.

De pequeño, Tomás tenía un *apego inseguro,* según el cual el bebé necesita la proximidad física de su figura de apego porque no ha interiorizado la idea de que esta sigue pensando en él cuando no la ve, no tiene la certeza de estar presente en su mente cuando se aleja de ella. Desde bebé, con su amamantamiento constante, se había pegado físicamente a su madre para paliar esa ansiedad y asegurarse de que no lo iba a abandonar. Cuanto más se aferraba él, más agobiada y perseguida se sentía su madre, y así había empezado ese círculo vicioso de rechazo e insistencia que continuaba ocurriendo, de una forma actualizada, entre ellos dos. Que, llegada la adolescencia, Tomás se ensañara con su madre era una manera de asegurar que seguía presente en la mente de ella, aunque fuera echando pestes de su conducta.

La perfección que nos ciega

El trabajo terapéutico es un proceso de descubrimientos y, para que sea fructífero, de aceptación de la verdad. No suele ser un camino fácil, pero llegar ahí es una experiencia reconfortante, que nos fortalece y nos da recursos para afrontar los vaivenes de la vida y, en consecuencia, nos ayuda a comprender y ayudar a nuestros hijos.

Mientras escribo estas palabras, me doy cuenta de que, en la sociedad actual, la tendencia suele ir por el camino opuesto. Exhibir la vida de uno en redes sociales obliga a las personas a buscar esa perfección que es casi irreal; nadie cuelga en Instagram los momentos de conflicto o de desesperación.

Los padres de hace cincuenta años no sufrían esa inseguridad de si estaban haciendo lo correcto o iban a traumatizar a sus hijos; sencillamente lo hacían siguiendo su intuición y sus principios. Hoy en día no es así, los conocimientos sobre la psicología infantil han llevado a un cambio de paradigma y hay tantas filosofías de *parenting* donde elegir, tantos consejos que pueden ser contradictorios entre sí, que tener un hijo es comparable a caminar por un campo de minas.

La presión por hacerlo bien es enorme y la consecuencia es que los padres no siempre confían lo suficiente en su propio criterio, siguen las indicaciones de lo que han leído o, en algunos casos, lo que la *influencer* de moda dice que se debe hacer, aunque les despierte dudas.

Buscar información sobre modos de crianza es, indudablemente, muy útil, pero se pasa por alto que, en materias de salud mental, no existe la «talla única». Es decir, **no todos los síntomas o todas las conductas tienen la misma explicación** y para poder gestionarlos se debe tener en cuenta la historia personal de cada uno de los participantes, tanto padres como hijos.

Desde luego, hay normas generales sobre cómo abordar ciertas conductas en niños o en adolescentes, pero, en mi experiencia, la mayoría de los padres que llegan a la consulta buscando ayuda profesional ya han pasado por esos manuales y ya han hecho cursos de *parenting* y nada parece haberles servido. ¿Y por qué? Pues porque en esas ecuaciones de acción-reacción (o estímulo-resultado) no se han incluido las variables más importantes, que son el temperamento de su hijo y la propia historia personal de los padres.

Las razones de que un niño duerma mal o que un adolescente como Tomás tenga problemas de conducta pueden ser infinitas, tantas como experiencias haya tenido cada uno. Y, **para entender el síntoma y ponerle remedio, hay que esforzarse en descubrir el significado de esa conducta.**

Estados mentales maternales

La depresión posparto

Existen ya infinidad de estudios que demuestran que **el estado mental de la madre afecta al desarrollo psicológico del niño.** Situaciones de estrés como, por ejemplo, la pérdida de un ser querido durante el embarazo o ser víctima de violencia doméstica influyen en su estado mental y en su relación con el niño que lleva dentro, entre otras cosas porque la hormona asociada con el estrés —el cortisol— se transmite por la placenta al feto.[3]

Es sabido que abusar de sustancias tóxicas como drogas o alcohol durante el embarazo modifica el desarrollo neurológico del feto. También los eventos traumáticos del pasa-

3. Graham Music, *Nurturing Children: From Trauma to Growth Using Attachment Theory, Psychoanalysis and Neurobiology,* Londres, Routledge, 2019.

do, como haber crecido con malos cuidados o haber sufrido abuso sexual, pueden salir a la luz durante el torbellino hormonal característico del embarazo. Este es un tema demasiado amplio en el que no vamos a entrar, pero es importante recordar que, **en el proceso de convertirse en padres, la historia de ambos progenitores se revuelve y las emociones enterradas se reavivan.**

Hay situaciones mucho más frecuentes a las que no se les suele dar la importancia que tienen una vez que se han dejado atrás. Sus repercusiones a menudo reaparecen en la primera consulta cuando los padres están preocupados por la salud mental de su hijo y, en ese contacto inicial, les preguntamos el historial familiar. De entre los muchos eventos relevantes que salen a la luz en esa conversación, uno de los más comunes es la depresión posparto.

Se estima que en España un 35 por ciento de las mujeres sufren depresión posparto, algo que a muchas les cuesta identificar y para lo que no siempre buscan la ayuda que necesitan, ya que la madre tiende a pensar que no debería sentirse así e intenta aparentar que todo está bien. Es importante distinguir la depresión posparto del bajón habitual del puerperio, que puede durar algunos días y suele ser el resultado de los cambios hormonales, la fatiga del parto y las emociones exaltadas que acompañan todo ello. Si este bajón dura más, no es posible remontar de estado de ánimo y se hace crónico, es importante identificar que se puede tratar de una depresión posparto.

¿Cuáles son las causas de la depresión posparto? Cecilia Jan, autora de *Cosas que nadie te contó antes de tener hijos,* la describe de la siguiente manera:

No hay una causa única para la depresión posparto. Se han encontrado, entre otros, factores psicológicos, sociales, genéticos y hormonales. Sufrir depresión durante el embarazo, ser muy perfeccionista, la soledad y la falta de apoyo familiar, tener problemas económicos, traumas o estrés elevan el riesgo.

Los síntomas más comunes son la tristeza continua y profunda, el llanto, los cambios de humor repentinos, la irascibilidad, los trastornos alimenticios, la sensación de no ser una buena madre o la dificultad para vincularse con el bebé.[4]

Una vez que se ha identificado el problema, la depresión posparto es tratable y puede ser superada con éxito. Este dependerá en gran manera del temperamento de la madre y del grado de apoyo que tenga a su alrededor, ya que estar rodeada de personas cercanas puede facilitar el proceso de detección y la búsqueda de ayuda. Es posible que ella no se dé cuenta de que las cosas no están yendo como debieran o que, en medio de la fatiga, lo asuma como parte del proceso normal o lo achaque al cansancio o a la falta de sueño.

Identificar la depresión posparto a tiempo puede marcar una diferencia en el proceso de apego que se dé entre madre e hijo y, en consecuencia, en el desarrollo psicológico del niño.

4. Cecilia Jan, «El doble estigma de la depresión posparto», *El País*, 6 de abril de 2019. Disponible en <https://elpais.com/sociedad/2019/04/05/actualidad/1554484046_542748.html>.

Para que todo vaya bien, un bebé necesita pasar los primeros meses al cuidado de alguien que esté atento a sus necesidades físicas, pero que también sea capaz de percibir los cambios sutiles en sus reacciones, que disfrute de su compañía y que celebre los pequeños logros del desarrollo.

Una madre deprimida está sumida en un estado de ánimo poco propicio para la curiosidad y la interacción juguetona necesarias para el desarrollo psicológico del bebé. Su estado mental hace que no responda de la misma manera a las llamadas de atención del niño, que le cueste más sintonizar con el bebé y que su manera de atenderlo sea más mecánica y menos juguetona. Sencillamente, **no tendrá la disposición emocional que se requiere en esos momentos y eso hará que esté menos sensibilizada a sus necesidades.** Por otra parte, tal vez se preocupe en exceso por la salud del bebé o malinterprete algunas señales del niño. Pueden aparecen problemas de sueño, fatiga o dificultades con la lactancia. Madre e hijo no acaban de entrar en sincronía y, lamentablemente, ambos salen perdiendo. Es posible que la madre se sienta peor cuando el niño llora, porque puede creer que no lo está atendiendo bien y eso acrecienta su culpabilidad y su depresión. Todo ello hace que este trayecto, aparentemente tan sencillo, pueda tomar una dirección inesperada y cambiar la dinámica que hay entre ellos. Sabemos que el bienestar del bebé depende del bienestar de su madre (o de la persona que lo cuida). También es importante recordar que estos procesos, con el apoyo adecuado, pueden reconducirse. La madre es capaz de recuperarse del letargo emocional en el que ha vivido con el bebé y retomar el vínculo entre ellos.

La psicosis puerperal

La psicosis puerperal es un fenómeno relativamente desconocido, que con frecuencia se confunde o se mete en el mismo saco que la depresión posparto. La psicosis es, tal como indica esta definición, un estado en el que la mente se aleja de la realidad. En estos casos los detonantes son la gestación y el parto, que desencadenan un estado mental psicótico en la madre que hace que vea a su hijo y su relación con él de una forma totalmente distorsionada.

Suele empezar un día o dos después del parto, pero esto puede ser variable y depende de las circunstancias de cada madre. Se caracteriza por paranoia y pensamientos obsesivos con distorsión de la realidad, insomnio y cuadro clínico delirante. Por ejemplo, una madre puede creer que su hijo es el demonio, otras están convencidas de que ese no es su hijo o tal vez niegan haber dado a luz.

Lo que tienen en común todas las manifestaciones de psicosis puerperal es que el bebé está en riesgo de sufrir daños si permanece bajo el cuidado de su madre. En el Reino Unido (y en algunos hospitales de España también) se han creado unidades psiquiátricas especiales en las que ingresan a la madre con su bebé y su interacción está bajo una continua supervisión.

Reciben tratamiento psiquiátrico, terapia y apoyo para las cuestiones de cuidados prácticos del bebé, y así la madre poco a poco va aceptando su maternidad y estableciendo una relación con su hijo. No son estancias a corto plazo y a veces pasan meses hasta que las madres empiezan a sentir algo positivo hacia el bebé y pueden irse a casa juntos.

Cuando vuelven al hogar, hay un seguimiento a domicilio para asegurarse de que las cosas van por buen camino, ya que, una vez recuperadas de la psicosis, pueden caer en una depresión. En estos casos, la recuperación es lenta, pero se consigue.

Con la atención médica, psiquiátrica y psicológica adecuada, estas madres pueden dejar atrás ese episodio psicótico y volver a su vida anterior, pero, si no se detecta a tiempo, puede convertirse en un momento de alto riesgo para el niño.

¿Y si viene más de uno?

Los embarazos múltiples suelen ser celebrados y temidos por igual. Es el momento en el que se necesitan refuerzos de gente de confianza para que los padres puedan tener un respiro de vez en cuando, ya que la fatiga puede influir en cómo viven la experiencia y erradicar cualquier sensación de logro y de celebración. Para los bebés también es una situación peculiar, ya que, desde su concepción, nunca han estado solos y eso introduce una variable importante en su desarrollo psicológico, porque las interacciones con otra persona han empezado desde mucho antes de su nacimiento y sabemos por innumerables estudios que tanto los gemelos como los mellizos comparten una experiencia muy particular. De entrada, han compartido el útero y, en ocasiones, la placenta.

En su libro *Del feto al niño,*[5] la psicoanalista Alessandra

5. Alessandra Piontelli, *Del feto al niño*, Barcelona, Albesa, 2002.

Piontelli estudió las interacciones entre gemelos, observándolos en el útero mediante ecografías y en su casa después de su nacimiento. El material obtenido confirmaba que la relación observable en la cuna era, con frecuencia, la continuación de la que se había establecido en el útero, donde, por ejemplo, uno de ellos era más activo y buscaba más la interacción con el otro, mientras que este último se mostraba más pasivo. En ocasiones, su manera de repartirse el espacio en el útero se reproducía en la cuna.

Una vez que dejan el entorno uterino y hacen su aparición en el mundo, han de compartir, y en ocasiones competir por, la atención de la madre desde el primer momento. Podemos pensar que esto ocurre también cuando ya hay hermanos mayores en la familia, pero no del mismo modo. El periodo que sigue al nacimiento del bebé, durante el cual la proximidad física con la madre sigue siendo muy intensa, pierde esa sensación de exclusividad, ya que siempre será compartida con el otro.

La intensidad de esta situación puede afectar el estado mental de la madre, sobre todo si les da el pecho, y con frecuencia este es un periodo en el que las demandas son interminables y siente que no tiene tiempo para nada. Es un momento delicado y vulnerable: sabemos que las madres que experimentan partos múltiples tienen mayor probabilidad de sufrir de depresión posparto. Los bebés se tienen el uno al otro y, aunque la madre no esté siempre disponible, eso ya hace que no se sientan solos. Es frecuente que los gemelos valoren esa relación tan única de una manera difícil de comprender para los demás. Es decir, lo que parecen haber perdido en la exclusividad de los cuidados se compensa con la sensación de unión que los acompaña.

En estas situaciones hay otro componente que puede hallarse en un momento delicado: si los gemelos tienen un hermano o hermana mayor, es fácil que este se sienta doblemente desplazado. He tenido varios pacientes en esta situación que, incluso con dos años, recuerdan haberse convertido en «el ayudante de mamá» cuando llegaron los bebés, ya que la circunstancia los empujó a adoptar ese papel de forma prematura. En ese nuevo rol de hermano mayor no hay tanta cabida para esas necesidades infantiles que continúan teniendo y que suelen quedar relegadas. El entorno les alaba su actitud de cooperación, pero interiormente se está pagando un precio.

Cuando tardan en llegar

La infertilidad es una experiencia traumática para muchos padres y un fenómeno que va en aumento en los últimos años. La esterilidad afecta al 17 por ciento de las parejas en edad de tener hijos, alrededor de 800.000 personas en España. Las causas son muy variadas y suele tratarse de una combinación de factores físicos, psicológicos y ambientales, por lo cual un gran número de parejas buscan ayuda en centros de reproducción asistida.

Los procesos de ayuda a la fertilidad no son nada fáciles: ofrecen esperanza en momentos de tristeza y de desesperación, pero exigen de la pareja un gran esfuerzo físico y emocional. Cuando acuden a la clínica, tras meses de búsqueda infructuosa de ese bebé esquivo, ya tienen una lesión en su interior, ya han sufrido el primer golpe y están teniendo que gestionar una sensación de fracaso al no haber podido conseguir algo que suele ocurrir de forma natural.

En muchos casos, los tratamientos tienen éxito, la familia crece y, en algunas ocasiones, estas mismas familias acuden, años después, a los servicios de salud mental. Allí nos encontramos con las secuelas de esta experiencia. Los cuadros clínicos varían en función de cómo se ha procesado el periodo de infertilidad en cada familia.

Caso práctico: Iván
Cuando la sobreprotección nos impide poner límites

A Iván, un niño de nueve años que vino por un posible trastorno de déficit de atención (TDA), le costaba hacer amigos. En la sesión inicial, su madre me relató el largo peregrinaje de los tratamientos de fertilidad, varios intentos de fertilización *in vitro* fallidos y un embarazo de reposo casi absoluto, tras el cual fueron recompensados con la llegada prematura de Iván. Después de un periodo en la incubadora, se fueron a casa felices con su retoño.

No era difícil ver que Iván era el rey de la casa. Tras su nacimiento, su madre había dejado de trabajar para poder dedicarse a él en cuerpo y alma. Decidimos hacer una serie de sesiones exploratorias y llegamos a la conclusión de que Iván sencillamente no estaba habituado a obedecer límites impuestos por otras personas o por el centro escolar y, tal como hacía en las sesiones conmigo, él prefería elegir su propia actividad y, en ocasiones, dictaba la de los demás, lo cual causaba consternación en el colegio, aunque por otro lado era un niño simpático y cariñoso.

Había un detalle que valía más que mil palabras: cuando Iván y yo volvíamos a la sala donde lo estaba esperando su madre, ella lo recibía de una forma muy efusiva diciendo: «Iván, cariño, ¿te lo has pasado bien? ¡Te he echado mucho de menos!». Y él se echaba a sus brazos, como para recompensarla por su ausencia. Yo me quedaba con la sensación de que Iván sentía que él tenía en sus manos la felicidad de su madre. Estaba tan bien cuidado, casi entre algodones, que procuraban evitar cualquier imposición que no fuese de su agrado. En nuestro primer encuentro, su madre se había emocionado al describirme a Iván en la incubadora, conectado a cables y tubos, y aún lo veía como ese niño frágil e indefenso y no como el pequeño tirano en que se había convertido.

El trabajo, en este caso, fue con la madre, para ayudarla a ver que su sobreprotección le estaba impidiendo crecer y desarrollar relaciones sociales sanas, en las que él era uno más, y que podría sobrevivir a algún desencuentro con sus compañeros sin que eso fuera una catástrofe. Había que quitar gravedad a los pequeños desacuerdos que ocurrían durante sus interacciones sociales y hacerlas menos intensas. Al fin y al cabo, en la escuela, una parte importante del aprendizaje es aprender a tolerar las diferencias y acostumbrarse a discutir con los otros para luego reconciliarse y los niños han de aprender a desarrollar esa habilidad, esa resiliencia.

En otros casos, el periodo de infertilidad ha hecho sufrir tanto a la pareja que, cuando finalmente llega el niño, hay demasiada tensión acumulada y esas emociones hacen que ocurran cosas inesperadas.

Caso práctico: Olivia
Cuando el bebé se hace esperar

Olivia llegó a la consulta con dieciséis años y un cuadro de ansiedad y depresión. Empecé a verla con regularidad y un día me explicó que su abuela le había dicho que si hubiera nacido «cuando le tocaba», ahora ya se habría graduado de la universidad. Al parecer, Olivia había nacido tras diez años de infertilidad y, de hecho, su madre se había quedado embarazada cuando ya habían renunciado a la idea de tener hijos. Olivia me explicó que su relación con su madre no era buena; ella creía que sus padres la responsabilizaban de todo, pero, a la vez, nunca estaban satisfechos con lo que hacía. Era imposible complacerlos. Entonces me contó cómo, al mes de nacer ella, su madre había decidido cogerse un mes de vacaciones y se había ido a visitar a una amiga que vivía en un país lejano. Olivia se había quedado con su padre, el cual, bastante sobrepasado por la tarea, había recurrido a las abuelas como fuente de auxilio. Para rematar, durante ese mes ocurrió algo todavía más inaudito: su padre fue de compras con ella y salió de la tienda sin ella debido a «un olvido momentáneo». De algún modo, esta historia había pasado a ser parte del folclore familiar. A Olivia siempre le había parecido una historia increíble y me la explicaba con un gran resentimiento, como prueba fehaciente de que sus padres no la querían o parecían tener algo contra ella.

Era evidente que ambos progenitores habían construido su propia narrativa sobre su periodo de infertilidad. En su mente, Olivia era ese bebé testarudo que los había hecho sufrir durante tantos años, ese bebé que finalmente se dignó a venir cuando ya habían perdido las esperanzas. La furia que sentía su madre eclipsaba cualquier otra emoción más benigna y, tal vez para proteger a Olivia de sus instintos agresivos, había decidido tomarse esas vacaciones repentinas y sorprendentes al mes de dar a luz. El comentario de la abuela había corroborado esa noción de que, efectivamente, era ella la que los había tenido esperando y haciéndolos sufrir.

Para el equipo de profesionales, era evidente que esta dinámica familiar era compleja y estaba muy afianzada en las mentes de todos. Olivia recibió una terapia individual que se desarrolló en paralelo a un ciclo de sesiones de terapia familiar, que permitieron una exploración del pasado y ayudaron a los padres a valorar cómo esas «historias del folclore familiar» afianzaban en la mente de su hija la convicción de que sus padres la habían rechazado y eso todavía alimentaba el conflicto que existía entre ellos. Por primera vez, pensaron con detenimiento cuál fue su motivación para actuar de una manera que ahora les parecía desatinada y errónea. Les apenó pensar que ese episodio del pasado que ellos habían tratado como jocoso continuaba poniendo el dedo en la llaga para Olivia. Su ansiedad estaba relacionada con un miedo inconsciente a hacerse mayor y «ser expulsada» del hogar por unos padres que nunca la habían querido, lo cual era una perspectiva aterradora para ella.

Cuando los padres se dan cuenta de algo así, ocurre en ellos un cambio de actitud de forma natural. En este caso, a partir de ese momento, la relación de los padres de Olivia con su hija mejoró y, al poco tiempo, los síntomas de Olivia desaparecieron.

¿Qué pasa cuando las cosas se tuercen?

Una parte importante de mi vida laboral desde hace muchos años es proporcionar apoyo psicológico a padres y madres de niños con discapacidades profundas y múltiples. A excepción de algunos de ellos, en los que se ha detectado algún problema de desarrollo durante el embarazo, la mayoría de esos padres reciben a su hijo sin tener ni idea de lo que se avecina. En esos casos, el *shock* y el duelo que le sigue por no haber tenido el hijo con el que soñaban son difíciles de imaginar.

Tener un hijo con discapacidad sitúa a los padres en una trayectoria hacia un mundo que desconocen. En ocasiones, el diagnóstico no se recibe cuando nace el niño, sino más adelante, generalmente durante los dos primeros años, cuando hay señales de que el desarrollo del niño no está siguiendo su curso normal.

Al principio, sobre todo con padres primerizos, las diferencias o las peculiaridades del niño se pueden achacar a otros motivos y se alimenta la esperanza de que con el tiempo irá superando esos pequeños tropiezos que van notando, algunos de los cuales son características sobre su desarrollo físico o, como en el caso del autismo, cuando se observan conductas poco habituales. Llega el día en que no les queda más remedio que investigar, acudir al pediatra y agarrarse bien para que el torbellino que se avecina no se los lleve. A partir de ese momento, suelen ir de susto en susto a medida que se va vislumbrando el diagnóstico.

Eso también es un proceso traumático en sí mismo, porque con frecuencia **necesitan absorber una gran cantidad de información sin tener el espacio mental para procesarlo,** y también porque no suelen tener idea de cómo se traducirá ese diagnóstico en la práctica, qué se puede esperar de ese hijo y a qué tipo de expectativas van a tener que renunciar. Algunos diagnósticos van acompañados de cuadros clínicos complejos —como en el caso de síndromes o enfermedades raras—, que a veces conllevan un deterioro físico y neurológico y, en ocasiones, con desafíos considerables a la hora de gestionar la conducta o el mal dormir de la criatura. El consenso es que esta etapa suele vivirse en un estado de ansiedad que pone a prueba todos sus recursos internos y resulta verdaderamente agotador.

Este proceso de búsqueda suele pasarles factura, ya que, con frecuencia, **las necesidades de la pareja, de sus otros hijos o las suyas propias pasan a un segundo plano.** Muchos padres continúan funcionando exteriormente, aunque la herida sigue ahí. También es cierto que la discapacidad de un hijo no afecta por igual a todas las familias. Si tienen otros hijos sanos —o *neurotípicos*—, puede haber una mayor aceptación de la discapacidad o la neurodivergencia, porque criar a esos otros hijos puede tener un efecto restaurador en su función de padres y parte de la vida familiar con la que habían soñado sigue intacta.

Pero si la discapacidad se presenta en un hijo único o en todos los hijos —algo que ocurre con mayor frecuencia de lo que parece—, el panorama que tienen por delante es aún más desolador. Algunos padres renuncian a su fe religiosa porque sienten que Dios los ha abandonado. La discapacidad de un hijo suele impactar su vida social cuando se relacionan con otras familias con hijos de la misma edad, así como el apoyo que reciben del resto de la familia, por ejemplo, de los abuelos.

En el caso, por ejemplo, de un niño autista no verbal (es decir, que no utiliza lenguaje para comunicarse), este puede ser inquieto y tener reacciones un tanto imprevisibles, para las cuales se necesita poder reaccionar con rapidez. Los padres suelen «leer» lo que les ocurre y entender muchas de sus conductas sencillamente a través de la observación y la práctica, pero es posible que otros familiares se sientan desconcertados y no sepan cómo interpretar un grito que tanto puede ser de miedo como de excitación o de alegría.

Algunos padres sienten que han decepcionado a sus propios padres, porque no les han podido dar ese nieto que deseaban, un niño más gratificante. Eso da pie a que, en vez de apoyarse en los abuelos, los padres tiendan a aislarse para proteger a su hijo o hijos de la realidad que les ha tocado vivir. Por todo ello, para estas parejas suele ser difícil encontrar canguros o cuidadores que sepan gestionar la discapacidad con serenidad y que les faciliten la posibilidad de salir un fin de semana sin hijos para recuperarse. Es un camino muy duro que difícilmente mejora a medida que va creciendo el hijo; al cuadro clínico se añade la tormenta hormonal adolescente y la preocupación sobre los cuidados en la edad adulta. No hay un verdadero respiro. Por todo ello, confiar en la terapia y en la ayuda profesional, en estos casos, se convierte en una verdadera necesidad, imprescindible para lograr afrontar el futuro con esperanza.

No olvides que...

- El bebé «nace» en la mente de sus padres desde el momento en que se toma la decisión de tenerlo y, si las cosas no ocurren tal y como se ha previsto, eso puede tener repercusiones para su salud mental.

- Los cambios sociales y tecnológicos hacen que la experiencia de tener un hijo haya cambiado drásticamente en los últimos tiempos. El impacto de las redes sociales puede ocurrir por partida doble para los futuros progenitores: por un lado, hay una abundancia de información y, por otro, el afán de perfección genera mayor presión, lo que sería contraproducente para todos los miembros de la familia.
- La historia personal de cada progenitor puede sacar a la luz aspectos de su personalidad que hasta entonces eran desconocidos y esto se debe tratar con naturalidad, paciencia y, si es necesario, apoyo psicológico profesional.
- La madre que acaba de dar a luz necesita ser acogida en un entorno familiar que le prodigue cuidados físicos y psicológicos. Su estado mental será determinante para el desarrollo sano de su bebé y el establecimiento de un vínculo de apego. Pero, aun cuando las cosas no salgan como uno espera, siempre habrá oportunidades para reconducir las cosas durante la crianza.

3

El desarrollo psicológico de la personalidad

La observación cuidadosa del paciente es una parte integral de la psicoterapia psicoanalítica. Nos brinda la oportunidad de poner a la persona o a sus relaciones bajo algo parecido a un microscopio, viendo cómo habla, cómo gesticula, y notando todo lo que acompaña su relato; tal vez su actitud y su voz cambien según de quién o de qué esté hablando. Al mismo tiempo, calibramos si lo que nos cuenta, el contenido de su narración, concuerda con su actitud y con nuestra reacción emocional hacia él. Con el tiempo, vamos descubriendo lo que le mueve y nos vamos adentrando en lo que nos revelan los síntomas. Es como cuando miramos el funcionamiento de un mecanismo de relojería. Desde fuera solo se ven las agujas del reloj, pero sabemos que, para que se produzca ese movimiento tan sutil, algo ha tenido que ocurrir en todos los engranajes. El síntoma suele ser un fastidio para el paciente (y, de hecho, suele ser la razón por la que buscan ayuda), pero nos ofrece una puerta de entrada hacia la exploración de su mente, porque algo le está fallando.

Este capítulo tratará algunos conceptos básicos sobre

cuáles son las bases del funcionamiento de la mente humana, para, de ese modo, poder contextualizar y comprender el origen de los trastornos más frecuentes, de los que hablaré en los capítulos siguientes. Todo ello es parte de lo que constituye la interacción humana en la vida cotidiana, es decir, que estos conceptos están presentes en nuestro mundo y en nuestras relaciones, pero el común de la población no los identifica ni les ha dado un nombre.

¿Dónde empieza todo?

En el proceso de la crianza, si un niño vive en un hogar adecuado, con personas que le quieren y lo cuidan, de forma paralela al crecimiento físico se va desarrollando su mente, sus capacidades cognitivas, su mundo interior y algo muy esencial: sus **recursos emocionales.** Estas son las herramientas con las que gestionará los avatares de la vida, aquello que muchas veces guiará sus decisiones y sus comportamientos y lo que definirá su grado de resiliencia ante las adversidades.

Los recursos emocionales se van construyendo de forma gradual y son el producto de un proceso que bebe de dos fuentes: las experiencias vividas y el temperamento de cada uno.

Este entretejido entre las dos cosas continúa durante toda la vida. En este proceso también influye el legado familiar de cada uno, tanto la herencia biológica como la conductual. Las actitudes también se aprenden y cómo gestionan sus experiencias los adultos que rodean a un niño es un factor importante durante el crecimiento. La interacción continua del niño con su entorno va creando una estructura mental, unas conexiones neurológicas en un principio muy rudimentarias, pero que se desarrollan y se consolidan con el tiempo. Sus experiencias se van destilando y, poco a poco, construyen su visión del mundo.

El conjunto de recursos emocionales que activamos para gestionar lo que nos ocurre en la vida cotidiana es lo que, fundamentalmente, constituye la resiliencia, y este crecimiento continúa y evoluciona a lo largo de la vida.

La madre de un niño profundamente autista me dijo en una ocasión: «Yo, de joven, era vergonzosa y tímida y me solía adaptar a las decisiones de los demás. Ahora que tengo que luchar por los derechos de mi hijo, me he convertido en una tigresa y he aprendido a no aceptar lo que no nos conviene y a luchar por defender los derechos de mi familia. La vida con él está llena de desafíos, pero creo que yo he crecido como persona gracias a él». Esa madre parecía haber crecido no solo en resiliencia, sino incluso en estatura y, en ese momento, se veía capaz de enfrentarse a situaciones que, años atrás, la habrían intimidado.

Pero volvamos al principio e imaginemos una situación cotidiana: el bebé llora cuando algo no está bien en su entorno o cuando siente una molestia en su cuerpo, como, por ejemplo, cuando tiene hambre. Si la madre está disponible y atenta a sus comunicaciones, lo cogerá en brazos, tal vez le hable con un tono suavecito para calmarlo mientras lo pone al pecho o le calienta el biberón y, al cabo de poco, el bebé empieza a mamar y esa necesidad tan apremiante se irá reduciendo. Se calma su sensación de hambre, pero también el estado de agitación en el que se encontraba. La presencia maternal ayuda a disminuir la ansiedad del bebé y en todo ese proceso, además de nutrición, le proporciona algo muy esencial, que es la **contención emocional.**

Cuando hay una situación de angustia o agitación en el niño, la madre (o el adulto) que lo atiende lo contiene emocionalmente cuando está con él y, mediante su atención y su escucha activa, recibe y procesa esas emociones que le causan estrés hasta que, poco a poco, el niño se calma y puede volver a un estado receptivo y tranquilo. A medida que los niños crecen, utilizamos más el lenguaje para ayudarlos en los momentos difíciles: por ejemplo, si un niño llora cuando le dejan por primera vez en la escuela, el adulto que está con él le explicará con calma lo que va a ocurrir durante el día y le recordará que más tarde irá a recogerlo y volverán juntos a casa. Todas esas explicaciones, gestos y muestras de cariño son parte de la contención emocional que todos necesitamos de vez en cuando.

Pongamos un ejemplo habitual: una mujer adulta recibe una llamada de teléfono con una mala noticia. Esto la paraliza momentáneamente y no sabe qué hacer. Entonces, sin pensarlo, acude a la vecina en un estado de agitación, tal vez esté llorando e intentando explicárselo de forma poco coherente. La vecina a la que acude puede entonces intentar entender lo que ha ocurrido. Mientras tanto, la invita a sentarse, tal vez le dé un vaso de agua y de ese modo consiga que la mujer se calme, pueda relatarle los hechos y, poco a poco, recupere su habilidad para pensar en cómo debe actuar. La vecina *contiene emocionalmente* a la mujer mientras ella se calma, es decir, le ofrece el apoyo de su mente serena hasta que la otra mujer consiga recuperar su capacidad de reflexión y vea qué puede hacer.

Durante la infancia, cuando esta secuencia de acontecimientos se repite una y otra vez, el bebé aprende que, cuando tiene esa sensación tan desagradable en el estómago (el hambre), puede comunicarlo con un ruidito o un pequeño llanto y habrá alguien a su alrededor que le pondrá remedio. Paralelamente, la madre ha aprendido a «sintonizar» con el bebé y a interpretar sus diferentes tipos de llanto, sus hábitos y sus rutinas. Llega el momento en el que, cuando el bebé llora de hambre, la voz de la madre diciéndole «Ya voy, chiquitín» puede reconfortarlo, porque ha aprendido que esa persona —su madre— es de fiar y que no lo hará esperar mucho. En esta etapa, el bebé no tiene otro modo de expresión y las comunicaciones que recibe la madre son cosas como expresiones faciales, sonrisas, llantos y rabietas. Ella las interpreta y piensa en cómo responder en función de lo que cree que necesita el bebé y, acto seguido, le responde de una forma procesada y congruente con la experiencia del bebé. La madre tiene la capacidad de transformar un momento de desesperación en algo mucho más tolerable. Este proceso se repite una y otra vez a lo largo del día —así se empiezan a conocer el uno al otro— y, mediante las interacciones con su madre, el bebé empieza también a conocerse a sí mismo y a construir una imagen de su realidad basada en su experiencia.

A veces al bebé le apetece jugar, quiere compañía, quiere que lo cojan y lo paseen, que lo columpien, que le canten. A medida que crece, se le despierta la curiosidad hacia el mundo que tiene a su alrededor, se va haciendo más social y buscará distintas interacciones con las personas de su entorno. Si tiene hermanos mayores, se emocionará cuando los vea. No quiere estar solo en su cuna si oye que hay jolgorio en otra habitación, tal vez grite o balbucee para llamar la atención y que lo incluyan. Pues bien, con este cúmulo de interacciones, **el bebé va aprendiendo mucho sobre su hogar y su familia, aprende en qué grado se van a satisfacer sus necesidades en función de lo que vive en ese entorno.** También, lamentablemente, en algunos casos, si sus necesidades no son atendidas de modo adecuado, el bebé aprende a no esperar aquello que no va a ocurrir. Entonces, ante esa situación, no le queda más remedio que activar prematuramente sus mecanismos de defensa y buscará formas de reconfortarse a sí mismo, pero esto tendrá consecuencias para su desarrollo neurológico, psicológico y emocional.

Todo esto es un proceso observable durante el cual también se van estableciendo las conexiones neurológicas del cerebro. Sabemos que hay «ventanas» en el desarrollo y que, si ciertos estímulos no ocurren en los momentos idóneos, eso puede acarrear consecuencias para su crecimiento. La mayoría de estos procesos ocurren de forma natural si el bebé está bien atendido. Como ya comenté en el primer capítulo, hoy en día es tantísima la información (a veces contradictoria) sobre crianza que algunos padres y madres temen que, si no hacen las cosas de cierta manera, pueden perjudicar al bebé en múltiples sentidos. Y lo peor es que, en algunos casos, **el miedo a hacerlo mal inhibe su espontaneidad y su instinto natural.**

La medida justa

El pediatra y psicoanalista Donald Winnicott acuñó el término de *la madre suficientemente buena* como aquella que, en un principio, sintoniza con su bebé y procura satisfacer todas sus necesidades, aunque a veces se le escape alguna. Con el tiempo, de un modo gradual, el espacio entre ellos se va ensanchando, la madre se relaja y empieza a ser un poco menos solícita, enseñando de ese modo al bebé a tolerar la frustración. Ella también aprende a tolerar la frustración del niño, en forma de un grito o un llanto, sin desesperarse o sentirse mala madre. En ese proceso, de una forma totalmente inconsciente y natural, ambos aprenden que la vida no siempre es perfecta, pero que, aun así, es viable y en ese espacio en el que pueden vivir el uno sin el otro puede nacer el amor que los une, porque el deseo que tienen de estar juntos no solo depende de la supervivencia del bebé, sino del placer mutuo que se deriva de compartir esa experiencia.

Si la madre atendiera al niño en todo momento sin que este tuviera oportunidad de sentir que necesita algo y reclamarlo, ese niño crecería siendo totalmente indefenso y dependiente. Por eso, **es importante que la madre le «falle» de vez en cuando,** porque eso le enseñará a tolerar la imperfección del mundo y lo preparará para acontecimientos a veces inesperados; por ejemplo, que un día mamá se encuentre mal y ese día lo cuide la abuela. Cuando un niño empieza a andar, ya puede tomar iniciativas y acercarse a su madre si la necesita. Este es un proceso dinámico y flexible, que los ayuda a afrontar y superar los pequeños contratiempos que irán surgiendo en la larga trayectoria de la crianza.

La figura del padre es importante en este proceso porque, además de proteger la díada madre-bebé, su función es, entre otras, reclamar la presencia de la madre para que esta pueda alejarse un poco del niño. De ese modo, permitirá que lo cuiden entre los dos y, de manera gradual, el niño se posicionará fuera de la pareja. Es un proceso delicado pero necesario, que poco a poco permite la entrada de otros miembros de la familia en el mundo del niño.

Este es un planteamiento bastante sencillo, en el que los padres se dejan guiar por sus fuentes de información y sus propias experiencias durante su infancia, que están ahí, aunque no de modo consciente. Sin embargo, incluso en esta fórmula básica, puede haber una gran variabilidad, dependiendo del estado mental de los progenitores, sobre todo, el de la madre. ¿Qué ocurre si, por ejemplo, la madre sufre de depresión posparto? Como vimos en el capítulo anterior, el estado de la madre hará que le cueste más sintonizar con el bebé, lo que influirá en el proceso de apego, pero, afortunadamente, con la información y el apoyo adecuados, la situación puede reconducirse sin consecuencias graves.

Los mecanismos de defensa

El desarrollo infantil es como el cauce de un río que no se puede detener. Si un derrumbamiento de tierras obstaculiza su curso, la fuerza del agua encontrará vías alternativas por las que fluir, se desviará o se hará subterránea, pero seguirá avanzando, y así ocurre con la naturaleza humana. Todos hemos encontrado obstáculos durante nuestra infancia, pero a pesar de ello hemos salido adelante porque, entre otras cosas, hemos desarrollado habilidades para protegernos psicológicamente y continuar avanzando.

Los mecanismos de defensa son estrategias que desarrollamos de manera inconsciente para afrontar la realidad y protegernos de todo aquello que nos crea ansiedad o que percibimos como una amenaza.

Todos desarrollamos este tipo de mecanismos para poder vivir en sociedad y sentirnos protegidos. Estas estructuras se forman según las experiencias que hayamos tenido y variarán enormemente dependiendo de si estas son mayoritariamente favorables o adversas. El grado de rigidez o de permeabilidad de los mecanismos de defensa puede cambiar según lo que ocurra a lo largo de la vida. Las adversidades y las experiencias traumáticas los hacen más rígidos y a veces llegan a convertirlos en un caparazón prácticamente impenetrable, lo cual tiene otras desventajas. Una infancia en la que las emociones han sido bien gestionadas no requerirá un sistema de protección tan eficiente.

Estas defensas psicológicas actúan como una especie de barrera inconsciente que sirve para filtrar todo aquello que nos resulta difícil encajar. Pueden causar patologías cuando, en su afán de proteger la salud mental del individuo, forman una barrera tan férrea que impiden que la persona pueda percibir la realidad en todas sus dimensiones y, por lo tanto, puede privarla de tener experiencias positivas. Es como estar encerrado en una torre de piedra con solo rendijas por ventanas: por un lado, estás muy protegido, pero, por otro, tienes poca luz y no puedes asomarte a ver la belleza del mundo. En los procesos de psicoterapia, intentamos penetrar en algunas de estas defensas de una forma delicada para que el paciente no se sienta totalmente desprotegido y vulnerable. Cuando trabajamos con niños que han sufrido malos tratos, sus mecanismos de defensa han sido los que, de alguna manera, han protegido su mente de la destrucción y, en un principio, es importante respetar esas defensas hasta que se sientan más seguros en el tratamiento y puedan, poco a poco, aceptar y exponer su vulnerabilidad.

La función de las defensas es mitigar el dolor psíquico, y este es un proceso totalmente inconsciente. En algunos casos, se acompañan de características físicas que, de algún modo, consolidan su propósito. Recuerdo a Eugenia, una niña de nueve años muy obesa, que sufría ansiedad y ataques de pánico, lo que le impedía asistir al colegio con regularidad. Trabajamos juntas durante un tiempo sin llegar a establecer cuál era su miedo. Cuando reveló que había sido víctima de un abuso sexual a manos de un miembro de la familia cuando aún era muy pequeña, pudimos comprender cómo la grasa acumulada en su cuerpo parecía servirle de barrera física frente a otros posibles ataques, casi como un anillo salvavidas. Obesidad, anorexia o, en algunos casos, transexualidad, pueden ser el resultado de una maniobra defensiva, una huida por parte de la mente, y esa manifestación física parece ofrecerles la solución. Los síntomas que forman parte del cuadro clínico reflejan la búsqueda de una solución para algo que no se ha podido resolver.

Caso práctico: Cloe
Cuando los muros esconden el dolor

Cloe, de dieciséis años, acudió a mi consulta acompañada de sus padres. Cloe iba vestida con un chándal, con la capucha puesta. El flequillo le tapaba parte de la cara y tenía una actitud poco comunicativa. En la conversación inicial con los padres, me dijeron que últimamente parecía deprimida, la notaban muy rara, tenía insomnio y estaba distraída. Parecía haber perdido interés por salir con sus amigos y pasaba largas horas en su habitación. Tras esta introducción, les pedí que volvieran a la sala de espera para poder hablar a solas con su hija.

Intuí que no iba a ser fácil entablar una conversación con Cloe. Le pregunté cómo se encontraba y de inmediato me dijo que no le pasaba nada, respondía con monosílabos, manifestando así que haber acudido a la consulta le parecía una pérdida de tiempo. Miraba su teléfono móvil continuamente y, en un momento dado, me preguntó: «¿Cuánto va a durar esto?». Sin embargo, en su actitud no la vi desafiante, sino triste.

Entablar estas conversaciones con adolescentes evitando que se conviertan en un interrogatorio es una tarea delicada, pero después de un buen rato de gestionar su actitud cerrada, entre preguntas tentativas y pausas, Cloe empezó a abrirse a mí. Reconoció que últimamente las cosas no iban bien y nos fuimos adentrando en detalles hasta que finalmente me dijo que, tres meses atrás, en una fiesta, había tenido un encuentro sexual con un chico que acababa de conocer y, según su descripción de lo ocurrido, era evidente que había sido víctima de una violación. En este punto Cloe se puso a llorar. Hice una pausa y esperé, pero inmediatamente se secó las lágrimas con las manos y me dijo que ya había pasado mucho tiempo, que no era tan grave y que ya casi ni se acordaba. Respondí que yo creía que lo que le había pasado sí era grave y, cuando intenté vincular ese acontecimiento con su estado de entonces, negó que tuviera una relación e insistió en que no necesitaba volver a verme. No se lo había explicado a sus padres por miedo a que se enfadaran con ella o a decepcionarlos por no haberse sabido cuidar y seguir sus consejos. Era evidente que se culpabilizaba de lo ocurrido, tal vez por no haber podido frenarlo o haberse puesto en una situación vulnerable, y temía que sus padres compartieran ese punto de vista.

Como era de esperar, Cloe estaba traumatizada por la violación. Tanto, que no podía ni pensar en ello, hablar sobre lo ocurrido la hacía llorar y sentía que eso no servía para nada, simplemente la paralizaba y la hacía sentir peor. ¿Qué mecanismos de defensa estaba activando? De entrada, se escondía bajo una ropa grande y unisex, recurría a un atuendo lo menos femenino posible porque asociaba eso con una sensación de vulnerabilidad. Rehuía la mirada o la desviaba hacia el teléfono móvil que tenía en la mano, ya que el contacto visual conmigo la retenía en la narración y, después de haberlo explicado, solo quería huir. Yo contuve la situación (como hace la madre con el bebé que llora) y procedí lentamente, expresando mi curiosidad sobre ciertas cosas y dejando que se tomara su tiempo. Cuando finalmente me contó lo ocurrido, perdió el control y rompió en llanto, pero de inmediato le restó importancia. Estaba intentando por todos los medios gestionarlo ella sola y olvidarlo sin la ayuda de nadie, para no tener que explicárselo a sus padres. Sentía una responsabilidad hacia ellos, como si hubiera dejado que dañaran algo que les pertenecía, esa niña que tanto cuidaban. Activando sus defensas, negaba su situación de víctima y desplazaba su preocupación hacia sus padres. Insistía en que «para mí no es tan grave, pero me sabe mal por ellos, tendrían un disgusto».

Todas esas defensas habían surgido para no tener que procesar el inmenso golpe, el trauma que había sufrido. Ante la sensación de vulnerabilidad, de ultraje, de impotencia, prefería pensar que no era tan grave. Se sentía rota, defectuosa, contaminada, como un cántaro que se rompe y, aunque pegues las piezas, sus fisuras se siguen viendo. Desplazaba la preocupación hacia sus padres, que, aunque era legítima, no disminuía la suya propia. Temía que, al habérmelo explicado, habría consecuencias y eso le haría perder el control de la situación.

En la sesión siguiente, introduje la idea de que sus padres deberían saber lo que le había ocurrido, porque así tendrían más herramientas para ayudarla. Para entonces sus defensas se habían reducido un poco y reconoció que, tras nuestra sesión, había sentido un ligero alivio. Eso contribuyó a que confiara en que, tal vez, yo sabría cómo proceder en estos casos. Acordamos que lo haría yo en una sesión a solas con sus padres, en la que ella no quería estar presente.

Los padres reaccionaron de forma apropiada, con tristeza y con ira hacia el agresor. Me aseguraron que no le harían ningún reproche, pero les apenaba pensar que su hija se lo hubiera ocultado durante tanto tiempo, esa era su mayor queja. Cloe pensaba que si lo sabían no la dejarían salir, pero, de hecho, ella misma se había impuesto un largo periodo encerrada en su habitación. La experiencia había teñido de negro su visión de la realidad y le parecía que el mundo exterior estaba lleno de peligros.

Aceptó la propuesta de acudir a terapia y eso la ayudó a procesar el trauma. La tarea de sus padres fue ayudarla a volver a sus actividades habituales de forma muy paulatina y con su colaboración para acompañarla en los trayectos necesarios para sus actividades, y eso hizo que mejorara la comunicación entre ellos. La vida fue volviendo a la normalidad.

Las representaciones internas de las figuras parentales en el mundo de los niños

A pesar de que los tiempos van cambiando, la idea de tener sesiones con una terapeuta, que al fin y al cabo es charlar o interactuar con un adulto al que no conocen de nada, no suele ser atractiva para los niños ni para los adolescentes y a veces cuesta un poco que entiendan el propósito, pero, por lo general, como en el caso de Cloe, conseguimos tener al menos una conversación inicial. A partir de ahí, llegamos a un acuerdo sobre cuál será el paso siguiente, según la formulación que haya hecho yo sobre su problema y su actitud hacia un tratamiento. Algunos le ven la utilidad y sienten alivio al poder desahogarse, así que empiezan a asistir con regularidad, mientras que otros son más reticentes. Cuando un joven está bien predispuesto hacia el tratamiento, suele ser una indicación de que tiene fe en que los adultos pueden ayudarlo a mejorar su situación. Es posible que haya tenido un buen comienzo en la vida y que en sus experiencias tempranas de infancia fuera cuidado con sensibilidad, incluso si, por algún motivo, se haya criado con alguien que no fueron sus padres. Esas relaciones tempranas han creado lo que el psicoanalista John Bowlby denominó una *base segura en su mente,* sobre la que el niño ha aprendido a confiar en los adultos y eso le permite explorar el mundo que le rodea con una cierta seguridad y teniendo fe en sus capacidades. Sus experiencias habrán construido unas **representaciones internas de las figuras parentales,** que serán positivas o negativas según su trayectoria hasta ese momento. Si son positivas, aumentará su resiliencia y actuará como un factor protector ante cualquier contratiempo y, si son negativas, lo harán más vulnerable.

¿Qué son exactamente? Para un niño, las relaciones que ha tenido en el seno familiar y su experiencia de la realidad inmediata definen la noción de quién es y de cómo los demás van a relacionarse con él. Es decir, las relaciones tempranas de un niño con sus padres y cuidadores crean el modelo, la «plantilla» a través de la cual el niño se relacionará con otras personas que aparezcan en su entorno. Lo familiar crea la expectativa de lo que va a ocurrir. En la relación que tiene con la terapeuta se reproducirán sus modos de relacionarse con sus padres y con otros adultos. Observando este proceso cuidadosamente y escuchándolos de forma activa, empezaremos a averiguar cuál es su visión del mundo, lograremos conocerlo mejor y podremos adentrarnos en la dinámica familiar.

En la terapia psicoanalítica con niños pequeños, al comienzo se les da una caja con una variedad de juguetes y materiales de arte que el niño utiliza para expresarse mediante el juego, ya que, en su mayoría, los niños juegan o dibujan en vez de hablar. No solo por no tener un lenguaje lo suficientemente desarrollado, sino porque quizá hayan tenido experiencias que no comprenden y, por lo tanto, no pueden articular. En esta caja suele haber algunos elementos esenciales: una familia al completo de muñequitos, una muñeca bebé, familias de animales de granja y de animales salvajes, vallas, otros animales más peligrosos como cocodrilos o dinosaurios, cochecitos de juguete con vehículos de rescate como bomberos o ambulancia y otras cosas por las que el niño tenga preferencia. Todos esos juguetes pueden ayudarlo a construir historias que, con frecuencia, encierran aspectos de sus experiencias. En el consultorio también hay juguetes comunes, como una casa de muñecas y bloques de construcción, pero esa caja y su contenido serán de uso exclusivo desde el principio hasta el fin de la terapia y, si rompe o daña alguno de sus juguetes, así se quedará. Eso nos permitirá pensar y hablar sobre sus emociones más destructivas y, a medida que pasa el tiempo, recordar lo que ha dejado atrás. La mayoría de los niños desarrollan un gran apego hacia su caja, que adquiere un gran simbolismo en su proceso terapéutico.

En una ocasión, una niña paciente de cinco años miraba su contenido y me decía: «Me gusta mucho esta muñeca. ¿La vas a vender?». Yo le decía que no, que la muñeca estaría a salvo en su caja hasta la semana siguiente. Esa pregunta, que me repetía cada vez que se encariñaba con algo, me intrigaba, hasta que la profesional que trabajaba con la familia me explicó que la ocupación de la madre era comprar objetos coleccionables de segunda mano para luego venderlos en eBay. La niña vivía en un entorno de baratijas y cachivaches interesantes con los que le estaba permitido jugar hasta que desaparecían en la tienda virtual de su madre. Eso a veces la disgustaba y, a su corta edad, había llegado a la conclusión de que era mejor no encariñarse con nada.

Los adultos son los que marcan los parámetros con los que crece el niño y él irá configurando su realidad según lo que haya aprendido con sus experiencias en ese entorno. Cuando yo era joven, al inicio de mi carrera profesional, tenía una visión ingenua e idealizada de la crianza y pensaba que para que un niño se pudiera desarrollar bien era esencial que tuviera un padre, una madre, abuelos, un buen colegio, etcétera. La experiencia me ha enseñado que eso no siempre es así y que, a pesar de las carencias aparentes, los niños pueden sobrevivir y desarrollarse con una mínima parte de todo eso.

Lo principal, lo más importante que necesita tener un niño es una persona que esté comprometida con él, con cuidarlo, alguien para quien él o ella sea la principal prioridad. Esa persona da sentido a su vida y lo ayuda a encontrar su lugar en el mundo. Y esto, que parece tan sencillo, muchos niños no lo tienen.

Caso práctico: Pablo
Cuando la culpa les impide salir adelante

Pablo, de quince años, acudió a mi consulta por recomendación de su tutor. Siempre había sido un buen estudiante hasta que tuvo una compleja intervención médica seguida de una larga hospitalización. La operación había resuelto su problema médico, pero desde entonces parecía haber perdido el interés por los estudios y se había involucrado en varios conflictos y trifulcas con sus compañeros. Era un cambio de conducta tan radical que los profesores se rascaban la cabeza pensando a qué se debería semejante transformación.

Cuando sus padres acudieron a la consulta inicial, me relataron el largo historial médico que Pablo había acumulado desde su infancia. El motivo de su última hospitalización había sido, finalmente, un trasplante de riñón. La donante había sido su hermana de veintiún años, que era la más compatible biológicamente, y eso auguraba un buen resultado. Sin embargo, había ocurrido algo inesperado: la intervención había sido un éxito para Pablo, que ya se había reincorporado al colegio, pero no para su hermana. Ella, la donante, había tenido una serie de complicaciones imprevistas, había permanecido ingresada durante un tiempo y aún estaba recibiendo tratamiento médico.

Como parte del protocolo posoperatorio, Pablo necesitaba seguir una dieta estricta y sus padres se esmeraban para que eso fuera así. Pero él, lejos de colaborar, saboteaba el plan y hacía justamente lo contrario: a la salida del colegio se compraba kebabs, comida rápida y todo lo que tenía contraindicado. Sus padres no comprendían esa actitud y se disgustaban con él.

Cuando hablé con Pablo, vi que estaba agitado, intranquilo, y no me costó averiguar que vivía torturado por la culpabilidad de ver a su hermana sufriendo. Mil preguntas le rondaban la cabeza: le habían quitado un riñón a ella, pero ¿y si el trasplante no funcionaba y resultaba que se lo habían quitado para nada? ¿Y si le pasaba algo a su hermana y necesitaba el otro riñón que ya no tenía? Y, por último, si se lo hubieran sugerido a él, ¿habría hecho lo mismo por ella, le habría donado él su riñón?

Pablo solo se permitiría mejorar y colaborar con sus restricciones dietéticas si su hermana se curaba, porque la idea de que él estaba bien a expensas de ella no le dejaba vivir y, en su desesperación, parecía dispuesto a echarlo todo por la borda. Era incapaz de alegrarse de haber dejado atrás todo el sufrimiento de su enfermedad, de que su operación hubiera sido un éxito y le ofreciera la oportunidad de una vida nueva. Su dieta deficiente le ofrecía una solución que él veía más equitativa, porque sabía que, de continuar así, él tampoco acabaría bien y, aunque ese planteamiento fuera claramente autodestructivo, le parecía más justo. Había tomado esa decisión en un momento de pánico, en el que aquella parecía la única salida.

Una vez que empezamos a ver con claridad el «ajuste de cuentas» que estaba llevando a cabo en su mente, Pablo fue procesando los acontecimientos e integrándolos en su realidad de una forma más realista y serena: su hermana parecía estar recuperándose y él no tenía por qué sabotear el trabajo de los médicos con su dieta deficiente.

¿Cuáles eran sus defensas ante este conflicto? Pablo no sabía cómo gestionar que su hermana estuviera pagando caro el inmenso sacrificio que había hecho por él. Perjudicar su propia salud había dado una solución temporal a su dilema, pero, a la vez, lo abocaba al desastre. Durante las sesiones, Pablo me explicó con detalle su trayectoria médica desde pequeño, que estaba repleta de experiencias aterradoras y situaciones tan traumáticas que en ocasiones había temido no sobrevivir.

Su experiencia no es única; sabemos que los procedimientos médicos invasivos, aunque necesarios, pueden ser muy traumáticos para niños y jóvenes. Afortunadamente, el número de hospitales pediátricos que proporcionan apoyo psicológico en paralelo al tratamiento físico va en aumento. Pablo me describió una retahíla de estancias hospitalarias que, hasta ese momento, ocurrían con regularidad y en las cuales se veía inmovilizado, conectado a sondas y otros instrumentos tecnológicos sin poder moverse, sin poder hablar y sin saber si iba a sobrevivir, estando él solo con sus pensamientos. No le gustaban las visitas de sus padres porque, mirándoles la cara, era consciente de lo mucho que estaban sufriendo al verlo así y eso le hacía sentir peor. De golpe, el trasplante había cambiado esa realidad aterradora y ahora tenía que replantearse toda su existencia. Por primera vez, tenía un futuro por delante y todavía le costaba hacerse a la idea.

Era fácil ver que Pablo se encontraba en un torbellino de emociones contradictorias y durante nuestras sesiones empezamos a imaginar un futuro libre de intervenciones médicas. Poco a poco, otras preocupaciones más sanas y típicamente adolescentes salieron a la superficie. Afortunadamente, respondió bien a la terapia y al poco tiempo empezó a estudiar y a respetar las restricciones alimentarias.

Esta rápida recuperación no ocurre en todos los casos, pero, afortunadamente, las representaciones internas de las figuras parentales de Pablo eran positivas y eso lo había sostenido psicológicamente, pese a las repetidas embestidas de su enfermedad. Cuando es así, el estado mental del joven es más receptivo a una intervención terapéutica, ya que, interiormente, puede depositar su confianza en los adultos que lo rodean. Este desafío es aún mayor en la adolescencia, donde la tendencia natural es precisamente la contraria. Los jóvenes están en proceso de consolidar su identidad y buscan sentir que no necesitan de los adultos (que pueden ser los padres o los profesores) en ese proceso, ya que su instinto natural es querer llegar ellos solos. Afortunadamente, algunos se dan cuenta de que las cosas no siempre son como ellos querrían y deciden buscar ayuda.

El primer contacto con un paciente, sea niño, adolescente o adulto, es un momento importante, porque ahí se fraguan las primeras impresiones, que son las que van a hacer que las cosas progresen o se queden en ese punto. Incluso en una sola sesión es posible establecer una alianza colaborativa en la que puede haber un encuentro fructífero. En ocasiones, tras haberlos escuchado con atención y habiendo hecho una formulación de lo que creo que está ocurriendo, veo que salen de la consulta con una idea nueva, con un poco de luz que los ayuda a ver con mayor claridad su problema, con un punto de vista alternativo sobre la problemática que no se les había ocurrido hasta ese momento.

Pero también hay otros casos en los que el progreso es muy laborioso o, en ocasiones, imperceptible. Hay familias con las que trabajamos durante mucho tiempo que se resisten a participar activamente en el proceso para que avance. Esos padres sabotean el trabajo, la mayoría de las veces inconscientemente. Achacan todos los problemas a la conducta del hijo, pero no pueden reflexionar sobre cómo su forma de gestionar la situación quizá esté agravándola.

Siempre traen la misma queja, que suele ser «Todo sigue igual», o bien «Sí, ha mejorado en esto, pero todavía no hace lo otro», y son incapaces de valorar los pequeños logros que puede haber habido. ¿Qué está ocurriendo entonces? Pues que esos padres sienten que les han fallado a sus hijos porque algo no ha ido bien y, cuando acuden a un terapeuta, quieren depositar en el profesional esa sensación tan incómoda de haberlo hecho mal. Es decir, quieren que el terapeuta se sienta fracasado en su misión, tal y como se sienten ellos la mayoría del tiempo. Ese es su mecanismo de defensa ante la culpabilidad de haber fallado en su labor parental. Pero si consiguen superar esa culpa y perdonarse a sí mismos —al fin y al cabo, son solo humanos que cometen errores—, las expectativas de éxito son mayores de lo que pueden imaginar.

No olvides que...

- Las experiencias que tiene el niño desde su nacimiento irán configurando su mundo interior. Los cuidados que recibe y la interacción con los adultos a su alrededor le darán las herramientas necesarias para afrontar los desafíos de la vida.
- No hay por qué aspirar a ser «padres perfectos», entre otras cosas porque eso crea una presión innecesaria para los padres y les impide disfrutar del proceso natural de la crianza. El niño tiene que aprender a gestionar la frustración cuando las cosas no son tal como él quisiera, porque eso, siempre

que no sea excesivo, lo ayudará a desarrollar sus propios recursos emocionales.

- El papel de los padres es contener emocionalmente a sus hijos, sean de la edad que sean. Observarlos, escucharlos y ayudarlos a procesar sus experiencias les dará la base segura que necesitan para un desarrollo emocional sano y que los sostendrá frente a cualquier situación.

4

Trauma y reparación

Este capítulo, tal como indica su título, hablará de todas aquellas experiencias que ponen en peligro la buena salud mental. Son experiencias adversas, fatalidades, tropiezos en el desarrollo, vivencias de cuyas embestidas hay que recomponerse para salir adelante. La tarea de un psicoterapeuta es, con frecuencia, lidiar con el dolor de otras personas para ayudarlos a salir del hoyo emocional en el que se encuentran. Nuestra formación nos ayuda a posicionarnos de una forma que, por un lado, nos afecte lo suficiente para poder ser empáticos, pero que, por el otro, nos permita permanecer distantes para no dejarnos arrollar por la tristeza y el abatimiento del paciente.

Por ese motivo, quiero avisar al lector que este capítulo contiene descripciones de casos que han sufrido un trauma serio y de las consecuencias que ha tenido para ellos. Sin embargo, como en los casos anteriores, siempre hay un rayo de luz y es importante señalar que, con la ayuda adecuada, la recuperación es posible. Las malas experiencias también enseñan.

¿Qué es un trauma?

En los capítulos anteriores hemos visto cómo el desarrollo de la mente y la capacidad de pensar se van construyendo durante la crianza y surgen como resultado de la interacción entre nuestro temperamento y nuestras vivencias. **Gestionando las experiencias que nos toca vivir, vamos desarrollando nuestra resiliencia.** Unas veces cometemos errores y rectificamos, otras veces repetimos aquello que nos sale bien y, en general, procuramos evitar situaciones que nos produzcan dolor psíquico o estados de ansiedad. Las situaciones de estrés o las crisis personales, como, por ejemplo, quedarse sin trabajo, un divorcio o la pérdida de un ser querido, nos pueden poner a prueba y tal vez, durante un tiempo, tengamos que activar nuestros recursos internos más a fondo para resistir la sacudida hasta que, poco a poco, vamos recobrando el estado de equilibrio habitual. Incorporamos esa vivencia a nuestra larga colección de experiencias de vida y seguimos adelante.

En una experiencia traumática, las defensas —el escudo protector que tiene la persona para mantenerse a salvo en el mundo— han sido vulneradas, se ha infligido una fractura de tal magnitud que los recursos emocionales internos que se utilizaban hasta ese momento frente al miedo o el peligro han sido anulados. Por lo tanto, la agresión de la que la persona ha intentado protegerse ha alcanzado el centro vulnerable. La psicoterapeuta británica Monica Lanyado[1] define el trauma como «una experiencia que impacta la

1. Monica Lanyado, «The treatment of traumatisation in children», en Monica Lanyado y Ann Horne (eds.), *The handbook of child*

mente, las emociones y el alma tras la cual la víctima siente que las cosas nunca volverán a ser como antes». Una de las características de un trauma es que suele ser un punto de inflexión, que marca un antes y un después, precisamente porque la persona siente que, interiormente, no ha recobrado su estado anterior y tal vez haya alterado su visión de la vida para siempre.

Las experiencias traumáticas no solo dependen de la intensidad del suceso, sino del grado de sensibilidad o de resiliencia de cada persona.

Es decir, dos personas pueden haber vivido, por ejemplo, un accidente de tren, y la misma experiencia traumática puede causar en ellos reacciones totalmente distintas. Desde el nacimiento, cada niño se adapta a las circunstancias que lo rodean. Dos niños han podido crecer en entornos muy similares, pero dependiendo de cómo hayan sido criados, uno puede desarrollarse sin dificultad, mientras que al otro le resulta más difícil ese modo de vivir, incluso traumático. Cada sistema social tiene sus normas y, a menor escala, cada familia tiene las suyas.

En diversas partes del mundo, la infancia se vive y se gestiona de muchas maneras, y eso se pone de manifiesto en las diferencias que observamos entre familias, entre sociedades y entre culturas. Hace un tiempo, después de cenar, me encontraba paseando por una de las calles principales de

& adolescent psychotherapy, Londres y Nueva York, Routledge, 1999, capítulo 19.

una capital latinoamericana durante un periodo de fiestas. Miraba los puestos de artesanía local y de *souvenirs,* colocados en mantas, en el suelo de las aceras centrales de la avenida. Observé que muchos de los vendedores, hombres y mujeres, estaban acompañados de sus hijos pequeños, a pesar de que ya era de noche. Había niños y niñas de menos de dos años sentados totalmente inmóviles junto al puesto, ajenos al tráfico de coches y a los ríos de gente que pululaban por allí. Uno de ellos, de unos dieciocho meses, estaba sentado apoyado en una farola, a menos de veinte centímetros de la calzada, por donde circulaban vehículos. Otro jugueteaba ensimismado con unos tapones de botella en el suelo. Pensé en los peligros que podían estar corriendo, pero, dado que sus padres estaban trabajando, los pequeños parecían tener asumido que no siempre estarían bajo su mirada vigilante y que, en cierto modo, ellos mismos eran los responsables de su propia seguridad. Los niños que eran algo más mayores ya ejercían de vendedores, asumiendo un aire serio y oficial. A veces, los adultos los dejaban a cargo del puesto mientras se ausentaban un rato. La estoicidad de esos niños me parecía conmovedora y triste. Lo comparé con los estándares a los que estamos acostumbrados en Occidente, donde la infancia se caracteriza por la inocencia y la despreocupación, los niños pueden ser inquietos y cometer trastadas que los padres intentan gestionar con una mezcla de resignación y humor. Pedirle a uno de nuestros niños que permanezca sentado y sin dar guerra durante horas, en una calle transitada, a la intemperie, es inimaginable. Esos niños de las familias vendedoras habían desarrollado prematuramente una gran resiliencia física y emocional, pero es probable que, a nivel psicológico, hayan pagado un precio al haber tenido que acelerar su desarrollo y asumir normas de conducta que aún no les correspondían.

Diversos grados de trauma constituyen el pan de cada día en las clínicas de salud mental en los servicios de salud pública de la NHS (National Health Service, el equivalente en el Reino Unido a la Seguridad Social). Cuando vemos a un niño o a un adolescente, es frecuente que la salud mental de uno de los padres, o ambos, también necesite atención. A veces, las experiencias traumáticas que acarrean los padres les impiden desarrollar los recursos necesarios para gestionar las emociones de sus hijos de forma adecuada y efectiva. Si los padres han sufrido malos tratos o abusos de algún tipo, es más fácil que tengan una cierta incapacidad en su gestión emocional y eso se manifieste en su labor parental, siendo excesivamente crueles o mostrándose insensibles hacia sus hijos. Otras veces, el progenitor puede no haber superado el dolor de su infancia, sigue comportándose como una víctima y proyecta toda la agresividad en el adolescente, quien, para el progenitor, se puede convertir en el abusador. Si el trauma que han sufrido los padres no ha sido procesado, la labor parental siempre es un desafío mayor. Los padres que han crecido en hogares infelices rechazan esos parámetros y no quieren repetir los mismos patrones disfuncionales, pero no siempre tienen suficientes recursos internos para crear otros nuevos. Les ocurre como a una báscula que ha llevado demasiado peso: se ha descompensado y necesita recalibrarse. La psique magullada de los padres no siempre sobrevive ilesa a los desafíos que les brinda su prole.

La violencia doméstica y el abuso físico

El trauma parental aparecía como un tema recurrente cuando trabajé en una zona de rentas económicas bajas, con muchos hogares monoparentales (o *monomarentales,* ya que casi siempre los niños vivían solos con la madre) en los que, en ocasiones, la madre había vivido situaciones de violencia de género a manos de la expareja. A su vez, un porcentaje elevado de estas madres provenían de hogares desestructurados y habían crecido en condiciones socioeconómicas precarias. A todo ello se sumaba la ausencia de modelos a seguir y la falta de oportunidades necesarias para romper ese ciclo de pobreza e inestabilidad que con frecuencia conllevaba secuelas psicológicas y emocionales. Es decir, muchos de estos progenitores arrastraban ya el lastre de su propia crianza cuando les llegó el primer hijo.

Caso práctico: Mateo
Cuando nuestra historia se interpone

En una de esas familias observé que, cuando había un conflicto, la madre trataba a su hijo con excesiva dureza, en un afán de prevenir una situación de violencia que tal vez no se habría dado nunca. Debido a su parecido físico, el hijo le recordaba al padre y, por lo tanto, cualquier discusión entre ellos hacía que la madre reaccionara de una forma desproporcionada hacia el adolescente. Parecía estar reviviendo el trauma vivido a manos de su expareja. Me decía cosas como: «Mi hijo ya está haciéndose un hombre, es más alto que yo y, si no me pongo dura, se me echará encima, acabará fuera de control».

Esa postura parental excesivamente combatiente desconcertaba al chico, que no veía justificado que su madre siempre esperara lo peor de él o que reaccionara de forma desmedida ante situaciones cotidianas como, por ejemplo, llegar más tarde de lo acordado cuando salía el fin de semana. Además, esa actitud también pasaba por alto la posibilidad de que el joven también estuviera traumatizado por las experiencias que había vivido en su infancia, ya fuera como testigo o como víctima de la atmósfera de violencia que se respiraba en el hogar. Como suele ocurrir en estas familias, la madre pensaba que, una vez que la pareja agresora había abandonado el hogar, todo podía volver a la normalidad, pero esa visión superficial ignoraba el impacto del trauma que sufría el hijo. Ambos vivían a la sombra de un pasado aterrador y, a pesar de que la situación había cambiado, las laceraciones que había en su interior seguían afectando las vidas de ambos.

Ese pasado en común del que ya no hablaban era precisamente lo que dificultaba el diálogo entre ellos. Las conversaciones subían de tono rápidamente y ninguno de los dos podía comprender la motivación o la postura del otro. En este caso, yo decidí trabajar con ellos dos conjuntamente. La presencia del terapeuta ayuda a contener la situación y eso nos permitió explorar los sentimientos de ambos y profundizar sobre las razones por las que la madre trataba al hijo como si fuera una bomba de relojería. Poco a poco, la madre fue reconociendo hasta qué punto sus experiencias pasadas habían influido en su forma de tratar a su hijo y Mateo, sintiéndose validado, escuchaba con un cierto alivio.

Para un adolescente, esa tensión familiar puede impedirle expresar sus emociones, crecer, pensar en el futuro y en sus aspiraciones. Es difícil expresar cualquier tipo de frustración o de enfado típicamente adolescente sin que eso se interprete como una amenaza a la integridad familiar. No era posible expresar ningún tipo de hostilidad o de desacuerdo de forma segura. En estos casos, el peligro era que, con el deterioro de la comunicación que había entre ellos, el joven se encontrara desprotegido y sin apoyo, cosa que aumentaría su sentimiento de vulnerabilidad en otras situaciones. Los adolescentes que reclutan las bandas callejeras son, con frecuencia, aquellos que buscan una familia alternativa porque el vínculo con la suya propia se ha deteriorado o porque los referentes masculinos son figuras que les generan un conflicto interno, ya sea por su conducta violenta, como en el caso de Mateo, o porque nunca han formado parte de la unidad familiar.

La figura del progenitor siempre es un referente y para un adolescente es difícil hacerse hombre acarreando el peso de los actos de su padre. Hay que ayudarlos a soltar ese lastre para que puedan volar y labrar su propio futuro.

La violencia doméstica es una experiencia sumamente traumática para todos los miembros de la familia y, desde luego, no es patrimonio exclusivo de un cierto nivel socioeconómico, ya que, en temas de salud mental, en todos lados cuecen habas. En la mayoría de los casos, la víctima suele ser la madre y, en muchos casos, también los hijos e incluso las mascotas.

Presenciar actos de violencia entre los padres, ya sea como mero espectador u oyendo los gritos desde el otro lado de la pared, tiene serias consecuencias para el desarrollo emocional de un niño.

De entrada, se suele dar en hogares donde hay un ambiente tenso, donde los integrantes, inconscientemente, viven siempre un poco alerta, sondeando las señales de peligro. El padre agresor puede ser una persona jovial y amigable fuera del hogar y eso confunde al niño, al que le cuesta integrar dos facetas tan contrastadas. Tal vez el progenitor sea cariñoso con el niño, pero maltrate a la pareja, lo cual le puede causar un sentimiento de culpabilidad y deslealtad hacia su madre.

Una forma de gestionar una situación de estrés extremo es la *identificación con el agresor,* un mecanismo de defensa mediante el cual las personas que temen por su propia supervivencia adoptan o empatizan con la visión del agresor para así alejarse, al menos en su mente, de la posición de víctima. La motivación es principalmente poder adentrarse en la mente del agresor y comprenderlo, para así poder anticipar, evitar o reducir su conducta violenta. Sin embargo, ese mecanismo no ofrece ninguna garantía, ya que cualquier circunstancia, aunque sea totalmente ajena a la familia, puede desencadenar un ataque. Por ejemplo, en el Reino Unido se ha comprobado que en los días de partido de fútbol las agresiones de género aumentan un 26 por ciento, y un 38 por ciento si pierde el equipo del que es fan el agresor.

La identificación con el agresor se ve con claridad en el síndrome de Estocolmo, que es una respuesta psicológica en la que los rehenes o las víctimas de abusos desarrollan una conexión emocional o psicológica con los perpetradores e incluso desean protegerlos, como ocurre en las relaciones abusivas o la luz de gas. El mayor peligro es que pierdan su propia identidad o que la identificación con el agresor sea tal que la víctima acabe teniendo conductas muy similares con otras personas, es decir, victimizando a otros. Las estadísticas confirman que un porcentaje elevado de hombres agresores se ha criado en hogares en los que la violencia era habitual.

La conducta agresora no se limita solo al ataque físico, sino que tiene un importante componente psicológico de coerción, humillación y denigración de la víctima, que, a su vez, se utiliza para justificar las agresiones. También socava la autoestima de las víctimas y eso hace que aumente el control que tienen sobre ellas. La prisión psicológica en la que están crea un ciclo difícil de romper y puede hacer que las víctimas caigan en esas dinámicas una y otra vez. En servicios de salud mental vemos con frecuencia cómo una mujer puede haber tenido varias parejas y haber sufrido violencia a manos de todas ellas. Esto forma parte de una compleja dinámica en la que no vamos a entrar aquí, pero, tal como ocurre con las víctimas de otros tipos de abuso, si el trauma inicial, que puede ser haber sufrido abusos en la infancia, no ha sido procesado, es fácil volver a caer en esas situaciones, o también sentirse atraída por parejas con un perfil concreto de personalidad, que reproduzcan esas conductas abusivas y agresoras.

Las consecuencias para los hijos son nefastas. Pueden sufrir estrés postraumático y presentar un cuadro clínico preocupante de extrema introversión, hipervigilancia, ansiedad, depresión, alteraciones de sueño, impulsividad y desconfianza generalizada. En algunos casos, estos niños han visto como la madre perdona al agresor repetidas veces y esa incomprensión sobre el funcionamiento de las figuras parentales les genera muchos conflictos. A veces, llegada la adolescencia, algunos hijos deciden intervenir en defensa de la víctima, lo cual los pone en la línea de fuego. Con respecto a su desarrollo emocional, la violencia doméstica les crea confusión sobre la complicada mezcla de sentimientos que pueden unir a una pareja en la que las agresiones conviven en paralelo con muestras de cariño. Eso dificulta sus relaciones interpersonales también a otro nivel, dado que los sentimientos de humillación y de vergüenza con los que viven hacen que no suelan compartir su situación con la gente de su alrededor.

El trauma vicario

En tiempos recientes se ha identificado otro fenómeno, el *trauma vicario,* término acuñado por las psicólogas clínicas Lisa McCann y Laurie A. Pearlman[2] en 1990, que ocurre en personas cuya profesión las pone en contacto con situaciones traumáticas que, aunque no atenten contra ellos personalmente o no estén dirigidas a ellos, les impactan emocionalmente. El daño que produce ser testigo de acontecimientos traumáticos suele tener un efecto acumulativo y puede afectar seria-

2. Dhruti Shah, «What's it like when your job involves wading through others' suffering? I was left weeping and hopeless», *The Guardian,* 16 de febrero de 2023. Disponible en <https://www.theguardian.com/science/2023/feb/16/whats-it-like-when-your-job-involves-wading-through-others-suffering-i-was-left-weeping-and-hopeless>.

mente la salud mental. Durante la pandemia del covid, los pacientes debían mantenerse aislados y muchos sanitarios tuvieron que actuar como mensajeros entre los pacientes y sus familias. Les tocaban tareas como sujetar el teléfono móvil o la tableta electrónica mientras la persona enferma conversaba con sus seres queridos o tal vez se despedía de ellos para siempre. Esta experiencia fue sumamente traumática para muchos de ellos y, además, ocurría con tanta frecuencia que procesar todo el dolor del que eran testigos era un lujo que no se podían permitir.

De igual modo, puede afectar a corresponsales de prensa en conflictos bélicos, a intérpretes judiciales, psicoterapeutas, trabajadores sociales y, más recientemente, a los moderadores de contenido en las redes sociales, como Facebook o TikTok, cuya misión es censurar el contenido de violencia, tortura, abusos y demás basura gráfica antes de que el público pueda tener acceso. Todas estas profesiones requieren que la persona desarrolle un caparazón para proteger la psique de ese asalto. El caparazón, en cierto modo, los desensibiliza, pero situar el umbral del dolor psíquico cada vez más alto también tiene un coste a nivel personal.

Pero el trauma vicario no es exclusivo de estas profesiones. Niños y adolescentes también pueden sufrirlo cuando tienen acceso a contenidos en redes sociales que, sin darse cuenta, pueden herir su sensibilidad. La pornografía dura, los actos violentos o todo aquello que roce los límites quizá les resulte excitante en un principio, pero, una vez que el algoritmo lo detecta, ese tipo de material llegará a su dispositivo sin siquiera tener que buscarlo y puede afectarlos seriamente. Los controles parentales ayudan, pero es importante que los menores sepan que, si se han sentido perturbados por alguna visualización *online,* pueden compartirlo y procesarlo en compañía de un adulto de confianza.

Gestionar el trauma

Un trauma es una herida que debe tratarse con suma delicadeza. No se trata de explicarlo y curarse, que sería equivalente a abrir y extraer el dolor enquistado de forma quirúrgica, sino de dejar que emerja en el momento adecuado una vez que el paciente —sea de la edad que sea— se sienta seguro y pueda ir acercándose mentalmente al recuerdo de lo que ha ocurrido. De entrada, cuando una persona ha sufrido abusos, puede incomodarle tener que reconocer que esa es la razón por la que busca ayuda. Quizá hasta piense que solo estoy interesada en eso, en lo que les ha fallado, en su fractura interna, y no en quiénes son ellos como persona. Nadie quiere que se les vean las grietas psíquicas, que esa mala experiencia sea lo que los defina, la etiqueta que llevan colgada. Es más, probablemente hagan lo posible por hacer ver que todo está bien.

Intentar abordar el trauma cuando en la relación terapéutica no se ha hecho suficiente trabajo preliminar puede retraumatizar a la persona, lo que a veces desencadena síntomas como *flashbacks* y disociación de la realidad. Otras veces, el trauma puede desbordar a la persona y hay que esperar a que tome un poco de distancia y alcance un punto en la vida en el que se sienta más estable, más a salvo, antes de empezar a tratarla.

Caso práctico: Victoria
Cuando su pasado los desborda

Hace muchos años, cuando yo todavía estaba empezando y tenía menos experiencia sobre estos temas, una tutora de instituto me pidió que viera a una de sus estudiantes. Consideraba que necesitaba ayuda con urgencia porque, desgraciadamente, unos días antes, su padrastro había matado a su madre. Victoria, de dieciséis años, acudió a la cita y, sin demasiados preámbulos, me describió la situación infernal de su primera infancia, a causa de la cual y por decreto judicial, a los siete años se trasladó al hogar de un familiar, donde aún continuaba viviendo. A partir de entonces veía a su madre regularmente, pero siempre en régimen de visitas supervisadas por los servicios sociales, y era evidente que la salud mental de su madre continuaba siendo precaria.

Victoria me describía todo lo ocurrido con mucha calma, como si este trágico desenlace no hubiera sido del todo inesperado. A veces, cuando un menor ha estado al cuidado de los servicios sociales, adopta una actitud un tanto despegada, sin demostrar mucha emoción, que intenta transmitir la idea de que ya ha superado lo que le pasó y que, además, por el camino ha contado su historia un centenar de veces a los distintos profesionales. Ahora que ella era una adolescente y se veía menos vulnerable y con capacidad para tomar cartas en el asunto, sentía que había dejado a su madre desprotegida y que, de haber continuado viviendo con ella, podría haberla defendido o, al menos, haber buscado ayuda o tal vez llamado a la policía. Lamentaba todo aquello que no habían podido compartir en los últimos diez años y ahora ya era demasiado tarde. Sentía que nunca la conocería de verdad, ya que siempre había albergado la esperanza de retomar la relación cuando se hiciera adulta. La chica habló y habló sin que yo le preguntara y, al acabar, aceptó la sugerencia de tener otra sesión, ya que, en ese momento, parecía que tenía mucho que contar. Sin embargo, no la volví a ver. Pensándolo en retrospectiva, me di cuenta de que nuestra conversación había tratado una sucesión de pérdidas: la pérdida del hogar que se vio forzada a abandonar durante su infancia, la pérdida de la oportunidad de conocer mejor a su madre y, por último, la terrible muerte de esta. Había abierto las compuertas a momentos traumáticos de su pasado y la intensa emoción que le producía todo ello la había desbordado. Todo aquello que había intentado archivar ahora estaba esparcido por todas partes y le era imposible volver a poner orden en su mente, como llevaba años intentando hacer. Es posible que la magnitud de tener que asumir lo que tenía por delante la sobrecogiera.

A raíz de cometer errores como este, aprendí que, en el trabajo terapéutico, tenemos que ayudar a los pacientes a regular lo que va saliendo para que no les inunde y, en ocasiones, también es necesario ayudarlos a «recogerlo» y volver a meterlo en un compartimento de su mente cuando se acerca el final de la sesión. En esos casos, resulta útil avisarles de que dentro de unos minutos habrá que terminar y, por ejemplo, describir lo que hemos tratado, ver cómo se sienten y acordar que hay que dejarlo hasta la sesión siguiente, cuando aún tienen tiempo para recomponerse en presencia del terapeuta. Eso es, precisamente, lo que yo no supe hacer con esa chica. Cuando termina una sesión en la que el paciente se puede sentir particularmente sensible, ha de dejar la consulta y afrontar tener que salir a la calle con muchas de sus emociones revueltas y a flor de piel, con el pasado y el presente entremezclados. Esa transición al mundo exterior puede requerir un esfuerzo. Esto me lo confirmó otro paciente adolescente, muchos años después, cuando me dijo que, cuando salía de nuestra sesión, cogía el autobús en la dirección contraria a su casa y, cuando llegaba al final del trayecto, lo volvía a coger en la dirección correcta hacia su casa. Eso le daba el tiempo suficiente para procesar y recolocar todo lo que se había revuelto durante la sesión.

Abusos en la infancia

Un trauma nos desestructura, nos desmonta, nos desordena el pensamiento y nos hace reaccionar de formas inesperadas. Por ejemplo, para una víctima de un accidente de tráfico, cualquier pequeño frenazo mientras va en un coche puede subir su nivel de ansiedad de forma desproporcionada. Un trauma descoloca los parámetros de lo que es una conducta normal. Cuando un niño crece en una familia donde el trauma se repite una y otra vez, esa situación crea ya una nueva realidad, que es la realidad de la «no normalidad». Eso es lo que le toca vivir y sus defensas se construirán alrededor de esa circunstancia para poder protegerse de la mejor manera posible.

En términos generales, se considera que hay diferentes tipos de abuso: por **abandono, emocional, físico y sexual.** Todos ellos generan experiencias traumáticas en mayor o menor grado y las distintas categorías no siempre están claramente delimitadas, ya que varios tipos de abuso se pueden dar conjuntamente. Es decir, el abuso físico, el sexual y el de abandono siempre van acompañados de abuso emocional. El niño que sufre esos abusos siempre está teniendo que hacer mayor esfuerzo mental para resistir psicológicamente, porque está intentando sobrevivir a experiencias que son contrarias a un desarrollo sano, está nadando siempre a contracorriente.

Trauma por abandono

El **abandono** o **descuido emocional** consiste en no atender las necesidades físicas o psicológicas del niño. No voy a tocar el tema de los niños que viven en situaciones extremas que no cumplen los requisitos básicos de proporcionarles comida, ropa y cuidados, sino el de aquellas situaciones más cotidianas en las que los padres (o los adultos que están a cargo de los niños) satisfacen sus necesidades primarias, pero nada más. Estas son las circunstancias en las que se encuentran niños como Victoria, la adolescente del caso anterior, que crecen en familias en las que hay adicciones al alcohol o a las drogas o problemas serios de salud mental en los progenitores.

Pedro, un niño de once años, me explicaba que él y sus tres hermanos vivían con su abuela porque su madre no los podía cuidar. Hacía ya mucho tiempo que su padre no vivía con ellos y habían prácticamente perdido el contacto con él. Me explicó que, con siete años, se levantaba él solo cada mañana y se vestía, hacía lo mismo con sus hermanas menores, les ponía el desayuno y todos juntos esperaban junto a la puerta de casa a que su madre los llevara al colegio. La madre se levantaba, los veía en formación, listos para salir, y les decía: «Hoy no, hijo, hoy no puedo», y eso quería decir que ese día todos se quedaban en casa, algo que, desgraciadamente, ocurría con regularidad. El niño se aburría en casa, tenía que encargarse de sus hermanas pequeñas y le fastidiaba perderse las cosas que hacían en clase. Finalmente, en un momento de desesperación, se lo confesó a su profesora y así se activaron los mecanismos de los servicios sociales, que gestionaron el traslado de todos ellos al domicilio de la abuela. Él acarreaba en su interior la gran culpabilidad de haber delatado a su madre, pero lo cierto era que las vidas de todos ellos habían mejorado a raíz de su confesión.

Ese tipo de situaciones son inexplicables para un niño, que, en este caso, solo fue consciente de sus carencias emocionales cuando empezó a comparar su realidad con la de sus compañeros. La precaria salud mental de su madre había empeorado con cada hijo y, en combinación con la ausencia de su padre, había creado esa situación para sus hijos. No era un maltrato intencional, sino un abandono, resultado de una incapacidad de desempeñar la función parental por parte de ambos progenitores.

Aunque de otro tipo, el descuido emocional también se da en clases privilegiadas. Ocurre cuando los padres delegan el cuidado de sus hijos en otras personas, que pueden no estar formadas para esa delicada tarea. Hace poco, una tarde, después del horario escolar, fui testigo de una escena desoladora en la tienda de alimentación de una zona residencial. Había un niño de unos cuatro años que, por razones que desconozco, tenía un gran disgusto y lloraba desconsoladamente. Iba acompañado de una empleada doméstica, que caminaba delante de él sin prestarle mucha atención. Únicamente se dirigió al niño varias veces para decirle: «¡Mira, un chocolate! ¿Quieres este chocolate? ¡Este te gusta!», mostrándoselos de cerca y posiblemente intentando distraerlo para que dejara de llorar. El niño contestaba: «¡No quiero, me duele!» y lloraba cada vez más desesperado, estaba sudoroso y se le mezclaban las lágrimas con los mocos. Finalmente, tras ofrecerle varias golosinas en vano, la empleada pagó por la compra y salieron del establecimiento sin que el niño dejara de llorar.

La escena duró varios minutos, durante los cuales yo me debatía interiormente pensando si debería intervenir y, en caso de que lo hiciera, qué podría conseguir. En esos momentos, pensé en la vida de ese niño, en los cuidados que podía estar recibiendo y en el hecho de que, en ningún momento, la mujer que estaba a su cargo se había parado a hablarle, a apaciguar su desespero con unas palabras o con un gesto. Ni siquiera parecía enfadada, sino totalmente indiferente, lo cual era todavía más perturbador. No tengo idea de cuántas horas pasaría ese niño con una persona que, por lo menos en ese instante, no tenía ningún interés en ayudarlo a gestionar sus emociones y que, en lugar de un poco de comprensión, de contención emocional o de consuelo, le ofrecía un chute de azúcar. También pensé en qué dirían sus padres si hubieran presenciado esa escena, si estarían de acuerdo con la actitud de la empleada, si quizá habían delegado demasiado sobre sus hombros (la crianza de los hijos además del cuidado de la casa) o si, por el contrario, les horrorizaría ver la falta de atención con que se trataba a su hijo. Cientos de preguntas y ninguna respuesta, puesto que no los volví a ver, pero quedan muchos interrogantes sobre cuál es el criterio de algunos padres cuando eligen a las personas que dejan a cargo de sus hijos.

El abuso emocional

El término *abuso emocional* es algo difuso, tal vez porque aparece continuamente en muchos ámbitos diferentes y, como dijimos anteriormente, es el ataque psicológico que acompaña a cualquier otro tipo de abuso.

Se considera abuso emocional cualquier interacción que esté destinada a empequeñecer y socavar la identidad de otro.

Por ejemplo, la crueldad, el menosprecio o cualquier interacción que provoque vergüenza o humillación de forma deliberada. Estos ataques, que a veces están disfrazados de «broma», causan heridas emocionales en la persona que los recibe y esa experiencia puede afectar su autoestima y, a la larga, su salud mental.

Durante el crecimiento, hacemos todo lo posible para que el niño adquiera habilidades y se sienta seguro a medida que va creciendo. Si todo va bien, va integrando sus experiencias y estas lo van preparando para la etapa siguiente. Pues bien, el abuso emocional sacude esos cimientos, porque va mermando el concepto que tiene de sí mismo. En términos de salud mental, todo aquello que entorpece u obstaculiza la progresión natural del desarrollo es potencialmente un problema o será un trastorno en el futuro.

Caso práctico: Rut
Cuando la salud mental de los adultos pasa factura

Ese era el caso de Rut, una niña de catorce años muy desafiante. Los profesores la veían como una adolescente simpática e inteligente, que emprendía las tareas escolares con entusiasmo, pero con frecuencia se desmotivaba por el camino y parecía incapaz de terminar. Si le insistían, adoptaba una actitud de chulería y de indiferencia que les resultaba muy desconcertante y, desde luego, agotadora.

En mi consulta noté una actitud muy cautelosa, como si no se fiara del todo de mí. Me explicó que vivía con su madre, con la cual se llevaba bastante bien, desde que sus padres se habían separado cuando ella tenía nueve años. Mantenía contacto frecuente con su padre y estaba muy apegada a él. El padre se había vuelto a casar y de esa unión había nacido su única hermana, que en ese momento tenía dos años. A Rut le encantaba ejercer de hermana mayor y con frecuencia les hacía de canguro. Hasta ese punto de su relato, todo parecía muy normal. Entonces me dijo que lo único que no iba bien era su relación con su madrastra, «porque no la entiendo, me confunde y mi padre siempre me echa la culpa a mí, dice que no pongo nada de mi parte». Hablaba con su madre sobre ello, pero esta lo interpretaba como la típica rivalidad entre una adolescente y la nueva cónyuge de su padre.

Me explicó un ejemplo: su madrastra le pedía que vistiera a su hermana y le pusiera el vestido que había dejado colgado en la percha. Rut así lo hacía, pero en el momento de salir, su madrastra le decía: «Te dije que le pusieras los tejanos, porque vamos al parque, ¿cómo va a ir con ese vestido?». Y luego, enfurecida, la madrastra le decía al padre: «¿Lo ves? ¡Hace lo que le da la gana, no me hace ni caso, siempre pasa igual!». La chica protestaba, porque ella solo había seguido instrucciones, pero no parecían escucharla y comentaban entre ellos lo rebelde que se había vuelto desde que iba al instituto.

Después de darme varios ejemplos parecidos, yo hice un comentario sobre la posibilidad de que su madrastra tuviera un problema de salud mental. Inmediatamente soltó una pequeña carcajada, pero luego se calló en seco y me dijo: «¿En serio?». Adoptó una expresión pensativa y le vinieron a la memoria otras excentricidades que había notado en su madrastra, pero a las que no había dado importancia. Me dijo que sentía un gran alivio, porque, a veces, temía que «la loca» fuera ella. Trabajé con ella poco tiempo, pero su actitud hacia los profesores y hacia la autoridad cambió por completo. Llegamos a la conclusión de que su resistencia a terminar las tareas era un miedo inconsciente a hacerlo mal, a haber entendido mal las instrucciones, a que la riñeran otra vez sin que ella supiera el porqué.

El abuso físico

Para un niño, sufrir abuso físico tiene, además del dolor que les produce, consecuencias psicológicas similares, como los sentimientos de baja autoestima y humillación, nada favorables para el desarrollo. También en este caso se interiorizan figuras parentales que causan confusión y conflicto. El famoso «Lo hago por tu bien» es una frase perversa que resulta incomprensible para una mente que se está formando. Una vez más, hay que distinguir entre el cachete ocasional y las palizas que reciben algunos niños, ya que el impacto psicológico es muy distinto. Todo son agresiones y por lo tanto hay que evitarlas, pero el abuso físico sistemático tiene otra función para el progenitor que lo ejerce, que es infligir o evacuar su sadismo en un inocente y, por lo tanto, tiene más en común con la violencia de género.

En la mente de un niño, siempre es difícil reconciliar la persona pública del abusador —sea sexual o físico— con el lado más siniestro que conoce íntimamente. Tiene una versión secreta de esa persona que, posiblemente, otros no compartan o incluso les cueste creer. Esa pugna solitaria que se da en su interior es muy difícil de sostener y eso hace que, en su mente, «claudique» y procure suscribirse a la versión pública, porque así al menos no está tan solo. Pero no hay que olvidar que, en estos casos, el hijo no crece con padres que apoyan su desarrollo, padres a los que puede acudir cuando se siente mal, sino con padres a los que teme, a los que tiene que aplacar o compadecer. **Esos padres, que no saben manejar ni controlar sus emociones, difícilmente le pueden enseñar a gestionar las suyas. Los abusos lo convierten en un huérfano emocional.**

El abuso sexual

Últimamente, ha ido creciendo la conciencia acerca de la magnitud del abuso sexual de niños y niñas en la sociedad actual. No es un fenómeno nuevo; sabemos que siempre ha ocurrido, pero en épocas anteriores no se era tan consciente ni se tenía el conocimiento, ni las agencias o instituciones adecuadas para abordar el problema.

Según la información de Unicef:

> En 2002, la OMS *(Estudio de las Naciones Unidas sobre la violencia contra los niños)* estimó que 150 millones de niñas y 73 millones de niños menores de dieciocho años experimentaron relaciones sexuales forzadas u otras formas de violencia sexual con contacto físico. Puede que varios millones más estén siendo explotados en la prostitución o la pornografía cada año, la mayoría de las veces debido a falsas promesas y un conocimiento limitado sobre los riesgos que ello conlleva. Sin embargo, la verdadera magnitud de la violencia sexual está oculta, debido a su naturaleza sensible e ilegal. La mayoría de los niños y las familias no denuncian los casos de abuso y explotación a causa del estigma, el miedo y la falta de confianza en las autoridades. La tolerancia social y la falta de conciencia también contribuyen a que no se denuncien muchos de los casos.[3]

A día de hoy, en los medios de comunicación continuamente oímos testimonios de adultos que sufrieron abusos durante su infancia en diferentes ámbitos y relatan que

3. Virginia Berlinerblau, *Abuso sexual contra niños, niñas y adolescentes: Una guía para tomar acciones y proteger sus derechos*, Buenos Aires, Fondo de las Naciones Unidas para la Infancia (Unicef), 2016. Disponible en <https://www.unicef.org/argentina/sites/unicef.org.argentina/files/2018-04/proteccion-AbusoSexual_contra_NNyA-2016.pdf>.

en aquella época no habrían sabido dónde acudir para pedir ayuda. Desgraciadamente nos consta que se trata de una experiencia devastadora y que un porcentaje significativo de las víctimas de abusos no llega a contar su historia, como se sabe también que los efectos del trauma perduran y con frecuencia las víctimas caen en la prostitución, la drogadicción, el alcoholismo o el suicidio.

En ese aspecto nuestra sociedad ha evolucionado mucho; la protección de niños y la detección de abusos es hoy una parte integral de la formación de los profesionales que trabajan con menores y se han creado protocolos y estructuras para gestionarlo. Sin embargo, no parece ser menos frecuente; de hecho, ahora que tal vez lo podemos reconocer más fácilmente, parece incluso haber ido en aumento. Sabemos que las redes sociales han contribuido en parte a este fenómeno y que se han creado comunidades virtuales internacionales de gran alcance dedicadas a la distribución de imágenes de pornografía infantil. Internet parece haber creado un paraíso pedófilo, donde este tipo de material puede ser distribuido con impunidad.

La sociedad también ha ido evolucionando y, con ello, la estructura familiar. Los cambios sociales, la separación y el divorcio hacen que adultos ajenos a la familia puedan tener acceso a la vida de los niños y que muchos padres deleguen el cuidado de sus hijos en otras personas. Sabemos que el abuso sexual continúa ocurriendo a manos de padres, madres, padrastros, parientes, hermanos mayores, profesores, entrenadores deportivos, líderes religiosos..., la lista es interminable. Los niños que, por razones de toda índole, viven alejados de su familia son doblemente vulnerables, ya que no siempre tienen a su alcance la presencia de un adulto protector al que poder recurrir.

Unicef describió así en 2016 el abuso sexual en niños, niñas y adolescentes (NNyA):

> El abuso sexual ocurre cuando un niño es utilizado para la estimulación sexual de su agresor o la gratificación de un observador. Implica toda interacción sexual en la que el consentimiento no existe o no puede ser dado, independientemente de si el niño entiende la naturaleza sexual de la actividad e incluso cuando no muestre signos de rechazo. El contacto sexual entre un adolescente y un niño o una niña más pequeños también puede ser abusivo si hay una significativa disparidad en la edad.
>
> La interacción abusiva, que puede ocurrir con o sin contacto sexual, incluye:
>
> - Los manoseos, frotamientos, contactos y besos sexuales.
> - El coito interfemoral (entre los muslos).
> - La penetración sexual o su intento, por vía vaginal, anal y bucal.
> - El exhibicionismo y el voyerismo.
> - Actitudes intrusivas sexualizadas, como efectuar comentarios lascivos e indagaciones inapropiadas acerca de la intimidad sexual de los NNyA.
> - La exhibición de pornografía, en ocasiones, disfrazada como educación sexual.
> - Instar a que los NNyA tengan sexo entre sí o fotografiarlos en poses sexuales.
> - Contactar a un NNyA vía internet con propósitos sexuales *(grooming)*.

Es decir, cualquier práctica que involucre a un niño o una niña, de forma directa o indirecta, para la gratificación sexual de otro, constituye abuso sexual.

Consecuencias psicológicas para el niño o la niña

El abuso sexual es un tema difícil de tratar, en parte porque se sabe que las consecuencias para el niño o la niña son devastadoras. Cuando nos encontramos ante una víctima de abuso sexual, sabemos que estamos presenciando una escena donde ha ocurrido una catástrofe. En la mayoría de los casos, el abuso sexual ocurre a manos de un adulto que el niño o la niña conoce, con frecuencia un familiar o una persona de confianza para la familia. El abuso casi siempre implica un proceso previo de seducción y de tergiversación de la realidad en la que se hace pasar por aceptable una conducta que no lo es. El abusador se aprovecha de la inocencia infantil y la destruye.

Cuando se denuncia un abuso, el trauma tiene una onda expansiva que se difunde en todas las direcciones: atañe principalmente al niño o a la niña, pero también impacta en su familia y en el entorno en el que puede haber ocurrido (el hogar, la escuela, clubes de todos los tipos...). En el momento en que el niño se lo comunica a un adulto de confianza, se debería poner en movimiento un proceso que involucraría a toda una serie de profesionales (servicios sociales, las autoridades y, tal vez, la justicia). Este proceso podrá indicar el fin del abuso (aunque no siempre), pero no por ello dejará de ser sumamente traumático. Destapar el secreto que había entre la víctima y el abusador no siempre proporciona alivio y sosiego, ya que la revelación con frecuencia sacude los cimientos de muchas familias.

Caso práctico: Blanca
Cuando el peligro está en casa

Blanca, de quince años, acudió a la clínica por insistencia de su madre, quien desde hacía tiempo la veía muy deprimida. Durante la visita, Blanca me explicó que, desde que era niña, su familia siempre había pasado las vacaciones en casa de sus abuelos maternos, en la ciudad costera donde había crecido su madre. El hermano mayor de su madre también vivía allí y Blanca tenía una estrecha relación con sus primos. Su madre también había tenido un hermano menor, pero este había tenido una adolescencia turbulenta y había terminado suicidándose.

Blanca explicó que, desde los cinco años, su abuelo había abusado sexualmente de ella cuando pasaban allí las vacaciones y también cuando los abuelos los visitaban y pasaban temporadas en su casa. Dos años atrás, durante las vacaciones, Blanca había notado un cambio de humor en su hermana pequeña y esto despertó sus sospechas. Finalmente, Blanca preguntó a su hermana si el abuelo la había tocado o le había hecho algo. La hermana le confirmo que sí y Blanca, al parecer impulsada por el deber de proteger a su hermana, decidió que era el momento de contárselo a sus padres.

La madre actuó inmediatamente y la familia se trasladó a casa de sus tíos, donde pasaron el resto de las vacaciones. No volvieron a ver a los abuelos. La madre también contactó con las autoridades y se empezó un proceso de investigación en el que las dos hermanas tuvieron que declarar y explicar a varios profesionales lo que había ocurrido, con todo lujo de detalles. Blanca explicó que eso había sido muy difícil para ellas, ya que continuamente le parecía que tenía que justificar por qué ella no lo había denunciado antes y no sabía qué decir. Estos interrogatorios suelen ser problemáticos para las víctimas, no solo porque las obligan a revivir el trauma (además de que, con frecuencia, van recordando más detalles), sino porque, de algún modo, ellas lo viven como si tuvieran que justificar su participación en lo ocurrido. En muchos casos, este proceso las confunde y las perturba.

Cuando, meses después, llegó el momento de llevar al abuelo a juicio, las dos hermanas se echaron atrás, ya que se veían incapaces de relatar lo ocurrido una vez más y con ello tener que revivir la experiencia. Pensaron que, al fin y al cabo, ya no tenían que volver a verlo. Cuando acudieron a la clínica, habían pasado ya dos años y la madre había notado que Blanca parecía haberse apagado; algo en ella había cambiado de forma irreversible. Durante nuestro trabajo juntas, Blanca explicó que echaba de menos a sus primos, a sus tíos y a toda la familia, con la que ya apenas tenían contacto. Se había empezado a sentir culpable de que todo hubiera cambiado a raíz de su revelación. Cada vez que Blanca hablaba sobre ese tema le cambiaba la voz y le salía un sonido medio estrangulado, una ronquera extraña, como si algo le impidiera utilizar su propia voz.

Entretanto, la madre de Blanca, en una sesión aparte, me explicó que su padre también había abusado de ella, pero que sus hijas «no lo sabían». Dijo que solo había ocurrido «algunas veces, cuando mi padre bebía», pero que nunca se lo había contado a nadie, ni siquiera a su marido, aunque sabía que posiblemente eso había afectado la relación sexual entre ellos. Era una mujer obesa, que parecía haber creado una barrera física protectora a su alrededor. Esa barrera cerraba el acceso, pero hasta cierto punto también la separaba del resto del mundo, incluso tal vez la separaba emocionalmente de su marido y de sus hijas. Nunca había buscado ayuda psicológica, pero ahora se preguntaba cómo era posible que no se hubiera dado cuenta de lo que les había ocurrido a sus hijas. Por otro lado, le sorprendía que a esa edad su padre siguiera haciendo «ese tipo de cosas», pero ahora por primera vez se preguntaba por qué se habría suicidado su hermano pequeño. La madre se sentía acosada por todas esas preguntas y, aunque temía que la depresión de Blanca estuviera relacionada con todo ello, no sabía cuál era el hilo conductor. Ella (la madre) continuaba teniendo relación con su propia madre (la abuela de Blanca), con la que hablaba regularmente, a pesar de que aún vivía con su marido, el abuelo abusador. Ese fue uno de los motivos por los cuales el tratamiento fue de psicoterapia semanal para Blanca y, en paralelo, apoyo psicológico para su madre, quien, a raíz de la intervención para su hija, parecía haber abierto la caja de Pandora. De repente, le habían surgido muchos interrogantes sobre su familia de origen y sobre sí misma que no sabía cómo gestionar. Con el tiempo, las cosas se fueron poniendo en su sitio.

Este es un caso como hay otros muchos, en los que el abuso ocurre en el ámbito familiar y se produce una gran sacudida cuando se descubre, pero también hay una gran resistencia a que haya un cambio de fondo. En un gran número de casos, casi un 50 por ciento, las víctimas retiran las acusaciones porque asumir la responsabilidad de la convulsión que están causando en la familia les causa una presión insostenible. Sienten, como en este caso, que lo van a estropear todo y que, de alguna manera, se las culpabiliza. En el caso de Blanca, denunciar a su abuelo solo había sido posible al conocer el abuso hacia su hermana, ya que hacerlo ella sola le generaba demasiada presión. Se había escudado tras el afán de proteger a su hermana para denunciarlo, ya que, haciéndolo así, de algún modo se repartía la responsabilidad y tal vez podrían llevar ese enorme peso entre las dos.

La voz «estrangulada» de Blanca parecía indicar su lucha interna entre su deseo de hablar, gritar, acusar a su abusador y el deseo opuesto de acallar esos impulsos, como si hubiera unas manos invisibles aferradas a su cuello estrangulándole la voz y haciendo que solo le saliera un sonido ronco y difícil de entender. Era una voz con un mensaje que durante años nadie había oído. La dificultad del habla nos podía hacer pensar también en que había sido violada por vía oral. Blanca continuaba sufriendo por la responsabilidad de «haber roto la familia», pero también vivía en un conflicto hacia la ambigüedad del resultado. Al fin y al cabo, su abuelo seguía en su casa con su mujer, sin mayores consecuencias. De hecho, los que más habían salido perdiendo habían sido ella (Blanca) y su familia.

Impacto del abuso sexual en el desarrollo del niño o la niña

Las secuelas de los abusos de cualquier tipo impactan seriamente la salud mental. Existe una alta probabilidad de sufrir trastornos psicológicos, incluyendo estrés postraumático, depresión, anorexia, ansiedad y miedos, baja autoestima, culpabilidad, trastornos disociativos y tendencias suicidas.

El abuso sexual tiene consecuencias adicionales. Las investigaciones recientes[4] han identificado una variedad de síntomas y trastornos del desarrollo que con frecuencia sufren las víctimas. No hay un prototipo específico, ya que depende de muchos factores (tipo de abuso, duración, relación con el abusador, etcétera), pero los cuadros clínicos más frecuentes incluyen:

- Mayor probabilidad de establecer relaciones poco sanas, excesivamente sexualizadas o disfuncionales. Tienden a la promiscuidad sexual y a la revictimización, es decir, frecuentan ámbitos en los que pueden ser victimizadas de nuevo.
- Mayor probabilidad de mostrar conductas como la autolesión, la drogadicción, la prostitución y la huida del hogar.
- Correlación entre abuso sexual y trastornos de la personalidad en la vida adulta (trastornos límites de la personalidad o trastornos de personalidad múltiple).
- Las víctimas también pueden convertirse en abusadores, tanto en la adolescencia como en la vida adulta; esto no quiere decir que todas las víctimas vayan a ser abusadores, pero sí sabemos lo siguiente:

El 50 por ciento de los abusadores han sido víctimas de abusos.

4. Judith Trowell, «The emotional impact of abusive experiences in childhood, particularly sexual abuse», en Eileen McGinley y Arturo Varchevker (eds.), *Enduring trauma through the life cycle*, Londres, Routledge, 2019, pp. 3-20.

Entre cuadros clínicos existe una gran variabilidad. Una de las características más frecuentes es la ausencia de un lazo estrecho con un adulto (madre o cuidador) que actúe como presencia protectora (de forma externa e interna). Otra característica inevitable es la confusión que se crea en el mundo interior de la víctima durante el proceso de seducción y más tarde de abuso; estas experiencias cambian los parámetros de la normalidad en la que el niño o la niña vivía hasta ese momento. Esa confusión puede ser muy duradera y convertirse en un *punto ciego* en la vida adulta, algo que la persona no es capaz de registrar ni de detectar, tal como le ocurría a la madre de Blanca.

En una situación normal, el niño explora el mundo con curiosidad habiendo depositado la confianza en los adultos que lo rodean. Desde este punto de vista, es fácil ver cómo el abuso sexual causa una fractura en el desarrollo, dado que el niño tiene que enfrentarse a una experiencia para la que no cuenta con los recursos necesarios, porque ocurre en un punto en el que su inmadurez se lo impide. En el desarrollo normal, la sexualidad infantil se manifiesta en un mundo de juego, de fantasía y de exploración, pero el abuso destruye ese proceso lúdico exploratorio y obliga al niño a participar en actos que exceden sus capacidades físicas, psicológicas y emocionales. También sabemos que las consecuencias del abuso son más serias si ha habido contacto físico, si ha sido perpetrado por un familiar (o por un adulto de confianza) o si se ha empleado violencia.

En cada caso hay que considerar los factores protectores, los recursos psicológicos de cada uno y las estrategias que los niños se ven obligados a utilizar para sobrevivir, tanto internamente como en el mundo externo. En ocasiones los niños y niñas se *adaptan* al abuso para poder seguir adelante, pero las estructuras mentales que han de emplear interfieren con su desarrollo, ya que están basadas en una corrupción de la realidad y, por lo tanto, distorsionan su percepción de las cosas.

¿Qué ocurre entonces en la mente de la víctima? Si el abusador es un familiar y el niño o la niña siente que tiene una *relación especial* con esa persona, la confusión es total y, una vez denunciado el abuso, es difícil integrar dos nociones contradictorias: la *relación especial* se hace pasar por amor y a las víctimas les puede resultar difícil renunciar a esa idea y tener que aceptar que esa persona les ha hecho daño. En cierto modo, si el abusador es una persona desconocida o más distante, el conflicto interno es menor, ya que se lo puede rechazar u odiar sin que ello les cree culpabilidad. Su capacidad de recuperación dependerá en parte de la madurez del niño y, por otro lado, de la reacción del adulto al que se lo revele y de lo que ocurra a continuación.

La madre de una paciente, una niña que había sido abusada por su padre desde la infancia, acudió a la clínica en busca de ayuda para su hija. Nos explicó que ella también había sufrido abusos durante años a manos de su padrastro. Entre toda la confusión que se había creado en su infancia, ella hablaba de su perplejidad ante la relación cambiante que su padrastro tenía con ella: cuando la iba a ver a su cama por la noche, utilizaba todas sus armas de seductor y se deshacía en caricias, pero cuando a la mañana siguiente la veía a la hora del desayuno en presencia de su madre, él apenas levantaba la vista del periódico para decirle buenos días. En su cabeza de niña, este cambio de actitud le resultaba incomprensible, ya que, como en tantos otros casos, el abuso se hacía pasar por amor, por complicidad y por «un juego entre nosotros». Esa confusión distorsionó los elementos de juicio en su vida adulta y creó en ella un punto ciego. Esto, como en el caso de la madre de Blanca, fue lo que impidió que se diera cuenta de que su pareja había abusado de la hija de ambos desde la infancia.

En la mente del niño, el abuso cambia el significado de los cimientos de la crianza: distorsiona ideas como la del amor, o lo que es *cuidar* de un niño, o *jugar* con un niño. También cambia el significado de lo que es tener vergüenza o pudor, cambia la noción del espacio personal y de la relación que tiene el niño o la niña con su propio cuerpo. Cuando se trabaja con ellos, es necesario gestionar estas distorsiones con delicadeza y encontrar un lenguaje que sea accesible, pero a la vez honesto. La madre de una niña de cuatro años que había sido abusada por su padre me explicaba que su hija echaba de menos a papá y le preguntaba a ella cuándo volvería a casa. A la madre le resultaba difícil responder a sus preguntas, sobre todo porque la niña le decía que papá la quería mucho (a ella). La madre optó por decirle que sí, que la quería mucho, pero no de la forma correcta. Una vez desvelado el abuso, la madre notó que su hija buscaba la proximidad física con otros hombres de la familia (tíos, primos, abuelo) y que sus interacciones con ellos delataban su historia. La niña siempre insistía en sentarse entre sus piernas, prácticamente tocando el área de los genitales, o a caballo, de forma que ella tuviera algo entre sus piernas.

El trauma que produce el abuso sexual invade todas las áreas del cuerpo y de la mente y esta fractura interna se manifiesta con frecuencia en la adolescencia, ya que es en esta etapa donde se debería consolidar el desarrollo sexual del joven.

Esta noción de *daño* se manifiesta de muchas maneras. Las chicas suelen atacar su cuerpo mediante la anorexia, la autolesión o la promiscuidad, generalmente buscando una conducta que las ayude a sentir que son ellas quienes deciden cómo se va a utilizar su cuerpo. En los chicos suele haber un miedo a la feminización o a la homosexualidad. En ocasiones los chicos recurren a la delincuencia como una manifestación torpe de la masculinidad que quieren demostrar o que temen haber perdido. En ambos casos, el desarrollo sexual propio de la adolescencia se ve seriamente amenazado por la confusión creada por el abuso. Además de la inseguridad característica de este periodo, hay demasiados conocimientos prácticos, demasiadas dudas sobre su integridad física (se preguntan si les han «roto algo»), dudas sobre su orientación sexual, miedo a explicarlo a sus futuras parejas...: en general, una idea de haber sido dañados tanto interna como externamente.

El abuso sexual también distorsiona otro de los procesos centrales del desarrollo psicológico y emocional. Durante el crecimiento, los niños y las niñas juegan en fantasía a seducir al padre del sexo opuesto al que desean poseer de forma exclusiva: el famoso complejo de Edipo. Para que este proceso se dé de forma sana, el niño o la niña debe asumir y aceptar que sus intentos de seducción hacia su padre o su madre son inútiles y que sus padres forman una pareja que los excluye a ellos. Más adelante, este proceso los impulsará a buscar su propia pareja. Cuando este proceso de seducción se convierte en una realidad (como cuando hay un abuso sexual), se desvirtúa y se destruye esa fase de su desarrollo.

En los peores casos, las víctimas sobreviven al conflicto a través de la identificación con el agresor, es decir, recurren a la promiscuidad, la prostitución o el abuso de otros para sentir que esta vez son ellos los que controlan la situación y colocan a otro en la posición de víctima. Con esas conductas, las víctimas de abusos luchan contra la impotencia y la humillación, contra la vergüenza, contra la sensación de haber sido dañados, contra la furia de no haber sido protegidos por los adultos de confianza que por cualquier razón no han podido ejercitar su labor protectora.

La noción de que sus padres les *han fallado* crea otro conflicto interno en las víctimas, que pueden albergar furia y resentimiento hacia los adultos que no velaron por ellos. Para la víctima de abusos, lo que predomina siempre es el sentimiento de humillación e impotencia, de haber sido utilizado como un objeto, de sentirse roto, dañado.

¿Cómo actuar ante un caso de abuso?

- Lo primero que hay que recordar es que, con un tratamiento psicológico adecuado, la recuperación es posible y eso dependerá, en gran manera, de cómo la familia gestiona lo ocurrido.
- Cuando un menor se decide a explicar que ha sufrido abusos, hay que escucharle con atención. En un

principio, es mejor no acribillarlo a preguntas, sencillamente hay que reconfortarlo y recordarle que, explicándolo, ha hecho lo correcto.

- No hay que olvidar que, para la víctima, explicar lo ocurrido suele ser traumático, excepto en casos de niños pequeños que no son totalmente conscientes de la gravedad de lo que están explicando. Es esencial mantener hacia ellos una actitud abierta, sin juzgar o cuestionar lo que están diciendo.
- Este siempre es un momento muy difícil para una familia y lo más normal es que estén en *shock* y no sepan a quién dirigirse ni cómo actuar. Hoy en día es fácil obtener información sobre cuál es el organismo más indicado al que acudir en estos casos, pero en principio suelen ser los servicios sociales o la policía.
- La idea de tener que denunciar a un adulto si es un miembro de la familia o un allegado suele generar incredulidad y conflicto en la familia y, en la mayoría de los casos, es un paso difícil de dar. El menor puede sentir que ha hecho algo malo si ve que todos están trastornados y disgustados y eso quizá provoque que se retracte de su testimonio o lo minimice, lo cual es doblemente perjudicial para la víctima. Los vínculos emocionales que puede haber entre el abusador y la familia actúan como una cortina de humo, que impide ver los hechos con la claridad necesaria y puede interferir en la resolución del caso.
- Es esencial recordar que la víctima es el menor y que, por mucho alboroto que se genere, la respon-

sabilidad de lo que ha ocurrido siempre recae sobre el adulto. Hay que poder afrontar el hecho de que esa persona de confianza no es quien parecía ser. Intentar entender sus motivos es inútil e infructuoso y para eso están las autoridades competentes.

- Es recomendable que los padres y tal vez otros familiares cercanos a la víctima reciban también apoyo psicológico, porque ellos también necesitarán ayuda para procesar sus sentimientos sobre lo ocurrido y, de ese modo, apoyar al menor en su recuperación.

SEGUNDA PARTE

CUANDO LAS COSAS NO VAN BIEN

Mis padres me siguen llevando al psicólogo lo mismo que ellos van a terapia. Por la muerte de Roberto, por mis agobios, porque yo sé que mamá se da cuenta de que la caga conmigo y, después de la muerte de mi hermano, soy algo así como la última bala de la prota de la película. Una bala doradita y picuda traída desde muy lejos. Para una guerra. Una que mamá no quería perder.

Pedro Simón, *Los incomprendidos*

5

Cómo afrontar los problemas de conducta

Tecnología y deshumanización

Estamos viviendo una época de una gran turbulencia social y tecnológica, en la que los acontecimientos se suceden a una velocidad vertiginosa, sin darnos tiempo a digerir el impacto que tiene todo ello sobre nosotros, ya sea porque lo vivimos por experiencia directa o a través del mundo virtual. Somos testigos reticentes de todo lo que ocurre en el mundo: guerras, inundaciones, terremotos, revoluciones... Y, a diferencia de épocas anteriores, gran parte de esta información no nos llega viendo la televisión o leyendo la prensa (¡qué antiguo suena eso!), sino que, cada vez más, los acontecimientos son retransmitidos por una persona que lo está filmando con su móvil, en vivo y en directo. Esta comunicación instantánea, mediante las redes sociales, nos vincula más con la acción, nos acerca a lo que está ocurriendo y también a la experiencia del que lo está filmando. Estamos viviéndolo ahí, con ellos, y eso hace que tengamos una reacción empática más intensa. Del mismo modo, las personas que siguen a un *influencer* mencionan lo que hace y lo que dice con tal sensación de cercanía que casi parece que estén hablando de alguien de su familia. Las redes borran —o, por lo menos, difuminan— con gran eficacia las distancias reales entre el individuo y los contenidos a los que tiene acceso.

Pero, como todo, ese continuo centrifugado emocional también desgasta y llega un punto en el que, de algún modo, necesitamos protegernos de tanto bombardeo sensorial. Hay una habituación a los contenidos, una insensibilización frente a muchas de las situaciones que presenciamos que hace que cada vez tengamos el umbral de excitación o de interés más alto. Esta intensidad provoca que, a veces, los adultos —o los dinosaurios analógicos— tengamos que dar un paso atrás para poder absorber las cosas y procesarlas. **La diferencia generacional es mayor que nunca; los niños y los adolescentes de hoy están creciendo en ese mundo, inmersos en una realidad que la mayoría de sus analógicos padres desconocen.** Los límites de lo que se considera un comportamiento normal se desdibujan en presencia de la invasión tecnológica. Tal como señala la filósofa Margot Rot:

> Las redes no son solo espacios de ocio, son espacios de desarrollo identitario. Lo que los menores ven en internet, lo que leen, lo que hacen, lo que dicen, es tan parte de su desarrollo emocional, de su crecimiento moral y de su transformación cognitiva como lo que sucede fuera de la red.[1]

1. Ana Torres Menárguez, «El cerebro adolescente desprotegido: así funciona la explosión de viralidad y porno», *El País*, 24 de septiembre de 2023. Disponible en <https://elpais.com/sociedad/2023-09

¿Cuántos adolescentes se sientan a comer con la familia, pero mantienen el teléfono junto a su plato? Están, pero no están. Están en cuerpo, pero no en mente. Y tal vez lo preocupante es que muchos progenitores reconocen hacer lo mismo; ellos tampoco son totalmente inmunes a la invasión. Su modo de existir y de relacionarse también ha cambiado en la última década y la consecuencia directa es que, evidentemente, eso socava su autoridad cuando tratan de poner límites sobre el uso del teléfono móvil al resto de la familia.

En los adolescentes hay un gran deseo de exponer ante el mundo experiencias, contenidos, bailes, fiestas, postres... La lista es infinita, el caso es compartir todo aquello que potencialmente pueda crear interés a su alrededor. El propósito de compartir se considera, en general, benigno, aunque esto también es debatible: otra función (o tal vez la principal) quizá sea estimular la envidia colgando imágenes idílicas de sus vacaciones o de sus proezas acrobáticas. Hay una búsqueda incesante de validación. Pero no es únicamente una invitación amistosa hacia opiniones ajenas, sino que ese mismo afán por exhibir, por *colgarlo todo* ha creado nuevas transgresiones entre los jóvenes y vemos que hoy se cometen delitos con la intención de compartirlos por redes.

La prensa los relata prácticamente a diario: se conciertan reuniones clandestinas para programar peleas ilegales que se graban para luego distribuirlas entre los jóvenes, se registra un aumento de actos de violencia sexual hacia ni-

-24/la-generacion-expuesta-asi-funciona-la-explosion-de-viralidad-y-porno.html>.

ñas y adolescentes perpetrados tanto en la intimidad como en grupo y, por si esos actos vejatorios no fueran lo suficientemente humillantes y destructivos, se filman y se distribuyen para el deleite de otros, deshumanizando totalmente a la víctima. Recientemente, un grupo de adolescentes, entre ellos algunos menores, distribuyó imágenes de compañeras de colegio que, mediante la técnica de *deep fake* y la inteligencia artificial, aparecían desnudas o participando en escenas pornográficas.

La pregunta inevitable es: ¿de dónde surge ese afán de destruir, de manchar y de humillar a esas edades? ¿Dónde están los límites que marcan una conducta aceptable?

Es posible que la sensibilidad de las nuevas generaciones con respecto a las interacciones humanas se haya encallecido y que esa impenetrabilidad y ese *endurecimiento* sean, en realidad, un mecanismo de defensa del que dependa su propia supervivencia emocional. Tener que gestionar los estados de ánimo puede hacer que nos sintamos vulnerables al dolor psíquico y por eso hay muchas personas, no solo adolescentes, que prefieren no sentir, no pensar mucho para no tener que vivir momentos incómodos, para no tener que actuar cuando deberían hacerlo, para no experimentar ansiedades cotidianas que tal vez los sobrepasan. Por eso se refugian en la superficialidad que les brinda el universo paralelo de las redes sociales, una indicación de que habitamos un sistema roto, estropeado, en el que cada uno tiene que valerse por sí mismo, una cultura de un narcisismo patológico en la que nada importa y que prioriza la gratificación instantánea de nuestros impulsos destructivos.

Esta realidad hace que vivamos en una paradoja, porque, a pesar de que todo se comparte, cada vez es más difícil gestionar la intimidad y la distancia en las relaciones de carne y hueso. Las redes nos unen a gente desconocida, pero, con frecuencia, nos alejan de las personas con las que convivimos. Disminuye la comunicación directa entre los miembros de la familia y esa conexión es uno de los pilares fundamentales durante la crianza. Estando en la misma casa, ¿cuántos padres y madres se comunican por WhatsApp en vez de ir a la habitación de su hijo, sentarse en la cama a charlar con él y, de paso, ver cómo le ha ido el día? ¿Es posible que la comunicación cara a cara entre las personas —o entre padres e hijos— pueda combatir o al menos paliar los efectos de las redes sociales?

Este capítulo trata los problemas de conducta que surgen en los adolescentes cuando no han aprendido a gestionar su agresividad ni a controlar sus impulsos. Hay una ausencia de límites claros y eso los puede llevar al abuso físico hacia sus padres o, en ocasiones, hacia sus hermanos, y tal vez a cometer actos delictivos fuera del hogar. En la mayoría de las ocasiones, suele ser el resultado de la dinámica que se ha establecido entre ellos durante la crianza y que, en algunos casos, adquiere un carácter explosivo durante la adolescencia, pero el factor principal es que **el hijo no ha aprendido a regular sus emociones ni ha interiorizado las nociones básicas que rigen las interacciones con otras personas.**

Pasarse o quedarse corto

En algunas familias, hay una excesiva permisividad hacia conductas que expresan un nivel de agresión y de sadismo desmedido, como, por ejemplo, tolerar el maltrato a mascotas o los insultos mutuos entre padres e hijos durante las discusiones. Es posible que la falta de límites comporte que los padres hayan perdido el control, o tal vez nunca hubo entre ellos el tipo de conexión emocional que generara un respeto mutuo y eso hace que el hijo se vea con derecho a dar rienda suelta a sus impulsos agresivos sin reparar en el impacto que eso tiene sobre la otra persona.

> En algunos casos, los altercados ocurren cuando el adolescente se siente humillado o acorralado por lo que él percibe como una injusticia y, en un estado de agitación, siente que la agresión verbal o física es el único modo de expresión que tiene a su alcance.

Denota un estado mental muy primitivo, porque no controla su impulsividad y porque, en esos instantes, se desentiende del impacto que sus actos tienen sobre las personas allegadas a él. La reflexión más compleja puede llegar *a posteriori,* cuando viendo las consecuencias de sus actos tal vez reconozca que necesita mayor autocontrol. El adolescente que recurre a la violencia tiene un marco de referencia muy distorsionado y, para comprender esas conductas, es necesario averiguar qué mensaje está intentando transmitir con sus actos.

Las causas de estas dinámicas familiares son complejas, pero sabemos que la violencia filioparental (de hijos a padres) ha ido en aumento. Según cifras de la Fiscalía General del Estado,[2] en el año 2007 se registraron 2.683 denuncias por agresiones de este tipo. En 2019 la cifra había ascendido hasta los 5.055 casos (cifras de la Fundación Amigó) y la situación empeoró durante la pandemia del covid, que apretó todavía más las tuercas de la salud mental de las familias españolas. Andalucía es la comunidad en la que se abrió el mayor número de expedientes (980 durante 2020), seguida por la Comunidad Valenciana, con 830, y la Comunidad de Madrid, con 697. Sabemos que estas cifras son la punta del *iceberg*, dado que solo se denuncian los casos más graves, entre el 10 y el 15 por ciento del total, puesto que para muchos padres «los trapos sucios se lavan en casa». Además de la profunda vergüenza que sienten ante lo que interpretan como un fracaso en su labor parental, denunciarlo puede acarrear consecuencias para ese hijo, al que, a pesar de todo, desean proteger.

No trataré los casos de violencia en los que entran otros factores o que se dan en un contexto en el que hay conductas disfuncionales preexistentes, por ejemplo, hijos con adicciones que roban o agreden a la familia para conseguir dinero, ni tampoco los adolescentes que actúan en defensa propia cuando viven situaciones de violencia doméstica o aquellos que intervienen en defensa de otro miembro de la familia.

2. Lorena Bertino Menna, Roberto Pereira Tercero, «Una comprensión ecológica de la violencia filio-parental», *Redes: revista de psicoterapia relacional e intervenciones sociales,* 2009, 21, pp. 69-90.

La violencia filioparental que trataremos es de otro tipo y es una manifestación preocupante de una clara disfunción familiar. La agresión es verbal cuando se trata de insultos o amenazas de violencia, pero puede ser física cuando se propinan golpes, puñetazos o empujones o cuando se destruyen muebles u objetos apreciados. Con frecuencia, ambos tipos de violencia ocurren simultáneamente. Estas experiencias son muy traumáticas para todos los miembros implicados: los padres sienten incredulidad, vergüenza y desesperación. Por su parte, **el adolescente que agrede es consciente de que su conducta cruza un límite que pone en peligro la integridad familiar, porque, si él es el que tiene el control, nadie estará seguro.** En cierto modo, atacando a sus padres, arremete contra sí mismo, porque destruye también las figuras interiorizadas que tiene de ellos, esas que, en otros momentos, le sostienen interiormente.

Caso práctico: Nacho
Cuando la batuta la llevan ellos

Nacho, un niño corpulento de once años, acudió a la clínica acompañado de su madre. Nacho se había estado quejando de que se aburría en la sala de espera y, cuando entraron en la consulta, su madre ya estaba intentando sobornarlo con una propuesta de ir al McDonald's al salir de allí si tenía un poco de paciencia y se portaba bien, idea que el niño recibió con cara de poca convicción. Nada más entrar, la madre me explicó que estaba convencida de que su hijo tenía TDAH y eso explicaba que fuera incapaz de seguir las normas de conducta del colegio o de casa. La escuela había implementado todas sus técnicas de refuerzo, pero Nacho les resultaba indomable. Tras un período de exclusión, cumplía un horario escolar limitado: solo iba dos horas por las mañanas, con la esperanza de ir incrementando el tiempo de modo gradual hasta reincorporarse por completo.

Nacho estaba ocupado con un juego en el móvil de su madre y respondía a mis preguntas con cara de fastidio y una cierta desgana, ocasionalmente levantando la vista y preguntándole a su madre: «¿Cuánto falta?» (para terminar la visita). Mientras la madre me describía su conducta, interrumpía su relato para responderle con un tono conciliador cuando el niño la llamaba mentirosa si no estaba de acuerdo con su versión de los acontecimientos. Al poco rato, Nacho se impacientó, se acercó a su madre y le gritó casi al oído: «¿CUÁNTO FALTA?». Cuando ella le hizo gestos para que se sentara, Nacho la insultó.

Eso me dio la oportunidad de preguntarle a la madre si esa era la manera habitual en la que Nacho se dirigía a ella y, en esos casos, cuál era su reacción. La madre, con una sonrisa forzada, me dijo: «Esto no es nada, a veces se enfada de verdad conmigo y entonces me cuesta controlarlo». Me explicó que de mayor Nacho quería ser *streamer* de videojuegos, es decir, retransmitir en directo su partida frente a un público *online*. Me dijo que jugaba muy bien, porque, con la jornada escolar reducida, pasaba muchas horas con su PlayStation. El conflicto entre ellos sucedía cuando llegaba el momento de apagarla. Nacho se enfurecía y parecía perder totalmente el control. En una ocasión, había roto la tele al tirar el mando hacia la pantalla con todas sus fuerzas. Otras veces la insultaba y, si ella intentaba ponerse firme, le daba patadas y la empujaba. Ella lo justificaba diciendo que estaba segura de que, una vez empezara a tomar la medicación para el TDAH, todo iría mejor.

Yo le expliqué que (en el Reino Unido) el diagnóstico de TDAH no se obtiene en una visita, sino que es un proceso complejo que conlleva varias pruebas, así como una recogida de información sobre el comportamiento de Nacho en diversas situaciones mediante observaciones y cuestionarios a padres y profesores. Además, se necesitaba una visita con el psiquiatra infantojuvenil de la clínica, que valorase el estado físico de Nacho, sus rutinas de sueño, su actividad y su salud en general.

Le expliqué también que los insultos y las agresiones no son parte del TDAH y que, fuera cual fuera su diagnóstico, ese problema se debía abordar por separado. La madre pareció desmoronarse un poco, se impacientó con la insistencia de Nacho y, por primera vez desde que llegaron, le pidió firmemente que se callara, a lo que él respondió con una expresión sorprendida y refunfuñando por lo bajo. Entonces ella me habló sobre lo que había ocurrido en la familia: se había separado del padre de Nacho cuatro años atrás, después de numerosas infidelidades. Le había perdonado varios deslices, pero, finalmente, le pidió que se marchara y eso hizo que el niño culpara a su madre de la separación. Nacho veía a su padre de forma irregular, ya que este no siempre cumplía los acuerdos de visitas: en incontables ocasiones le surgía algo de última hora que suponía tener que cancelar los planes con Nacho. El niño se llevaba un gran disgusto, pero nunca se quejaba a su padre porque temía no verlo más. Su madre, «para que no estuviera triste», intentaba reparar su decepción concediéndole caprichos y eso hacía que los límites se desdibujaran y que, de algún modo, tolerara su conducta agresiva.

La madre me dijo que aguantaba lo que le hacía su hijo porque entendía su dolor, vivía en su propia piel la decepción que sentía con esas promesas que hacía su expareja (en su caso, de fidelidad) y que nunca se cumplían. Ella provenía de una familia con un patrón de conducta muy parecido, un hogar de continuas discusiones que acababan cuando su madre perdonaba a su padre una y otra vez. Ella había crecido en ese callejón sin salida y, a pesar de que se había jurado a sí misma que su hogar sería diferente, se había encontrado con que, sin su marido, educar a ese hijo voluntarioso le resultaba una tarea titánica.

Como era de esperar, las pruebas revelaron que Nacho no tenía TDAH y que su conducta despótica y agresiva se debía a una total ausencia de límites. En este caso, el trabajo fue mayoritariamente con la madre, pero también hubo sesiones a las que asistieron los dos juntos para establecer y acordar unos objetivos comunes. A pesar de su tiranía, Nacho tampoco era un niño feliz. Albergaba un deseo de ser como los demás, de tener amigos de su edad y de ser aceptado en la escuela. El objetivo de las sesiones era fortalecer la autoridad parental de la madre, para que se pudiera mostrar firme frente a Nacho sin sentir culpabilidad y entendiendo que, aunque el niño gritara, protestara y dramatizara, ella no estaba siendo cruel, sino que, simplemente, establecía unas normas de conducta aceptables.

La convivencia no mejoró inmediatamente, pero a las pocas semanas Nacho ya se había podido reincorporar plenamente a la escuela. Las sesiones ofrecieron a la madre un espacio en el que pudo reflexionar sobre cómo sus relaciones pasadas siempre habían comportado varios tipos de maltrato. Su familia de origen había sido un campo de batalla en el que los padres no habían sabido priorizar el bienestar emocional de los hijos. Reconoció que, aunque su expareja dejara mucho que desear, ella había tenido unas expectativas muy poco realistas y se había aferrado a él, intentando satisfacer su fantasía de crear un hogar sin conflictos ni amenazas, pues el suyo sería armonioso y feliz.

Hoy en día esta distorsión es muy frecuente. Decir que no a sus hijos es muy difícil para algunos progenitores porque no quieren hacerlos infelices y tampoco quieren sentirse como malos padres. En su mente se ha creado una confusión en la que cualquier cosa que pueda contrariar al niño o al adolescente debe evitarse a toda costa, cuando, en realidad, **la función de los padres es establecer unos límites de conducta para que su hijo pueda vivir en sociedad.** El hijo, probablemente, querrá oponerse a ese límite y eso puede dar pie a un berrinche. Bregar con un niño enrabietado es el *trabajo sucio* de la paternidad, pero hay que hacerlo para enseñarles a convivir. A los niños sin límites les cuesta mucho aprender en el colegio, porque no aceptan la autoridad del aula. Les resulta difícil tener amigos porque, al no haber interiorizado las nociones de respeto y de reciprocidad, resultan insoportables para los demás. No tener límites acaba siendo un gran hándicap para la vida en general y, precisamente por eso y aunque cueste, hay que marcárselos. Y es importante hacerlo desde un principio, porque será muy difícil empezar a implementarlos llegada la adolescencia, que es cuando tienen más ímpetu para querer reafirmar su identidad.

¿Qué ocurre en el cerebro adolescente?

La adolescencia está marcada por una gran transformación física y psicológica. Ya hemos mencionado que en esa etapa se busca la exploración, la experimentación y romper con los límites que han guiado a los ahora adolescentes durante la infancia. Estos drásticos cambios son una consecuencia inevitable de la metamorfosis que están atravesando, ya que la adolescencia es un periodo de un gran desarrollo cerebral, pero no del todo armónico, pues no ocurre simultáneamente en todas las partes del cerebro.

La **corteza prefrontal,** que es la que se ocupa de la reflexión, la planificación, la gestión de los impulsos y la toma de decisiones, está todavía en vías de desarrollo y no se configura totalmente hasta aproximadamente los veinticuatro años. Por otra parte, las emociones residen en el sistema límbico del cerebro, concretamente en la amígdala, y esa parte del cerebro funciona intensamente durante la adolescencia. Es decir, en esta etapa del desarrollo, **el funcionamiento cerebral da rienda suelta a las conductas impulsivas y placenteras,** así como a las conductas de riesgo que emergen de la amígdala, mientras que la corteza prefrontal, que actuaría de filtro e inculcaría algo de lo que llamamos *sensatez,* todavía no está del todo operativa. Esta es la causa de ese ligero desequilibrio que se manifiesta externamente en todas esas conductas típicamente adolescentes, esas *ideas de bombero* que con frecuencia desconciertan a los adultos que los rodean.

Una vez que se consolida el desarrollo de la corteza prefrontal, esos jóvenes se convierten en adultos y, con su flamante y recién estrenada madurez, reconocen sus desatinos de unos años atrás. En la adolescencia, que está dominada por el idealismo, las soluciones radicales y las opiniones enardecidas, les resulta más fácil legitimar cualquier impulso agresivo. Quemar contenedores de basura o unirse a un movimiento político extremista y revolucionario puede servir para canalizar estos impulsos y para hacerles sentir que ellos toman las riendas de su vida.

Una línea muy fina separa las demostraciones de protesta de las actividades que son abiertamente delictivas. El vandalismo que se ve habitualmente en las ciudades no suele tener un fin político, aunque sí transmite un cierto menosprecio y desdén hacia los valores de las generaciones anteriores. Ellos quieren dejar huella a su manera y una de las opciones es no obedecer las normas sociales establecidas y cometer ciertos actos destructivos, en la mayoría de los casos, con impunidad. Las situaciones de peligro son también excitantes y los adolescentes que adquieren una cierta reputación por su atrevimiento o por su desafío a la autoridad a veces se meten en una vorágine de la que no es fácil salir. Algunos reconocen que se les ha ido de las manos, pero no saben cómo desvincularse del grupo.

Caso práctico: Daniel
Cuando ellos mismos anhelan límites

Daniel, de quince años, acudió a mi consulta siguiendo las indicaciones de su tutor, que había notado un bajón notable en su rendimiento escolar. Estaba en el último curso de secundaria, pero últimamente había empezado a faltar a clase. Daniel era alto y muy delgado, vivía con su madre y con su hermana pequeña y veía a su padre de forma irregular desde la separación parental cuando él tenía ocho años. Era un chico alegre y educado, que recibía comentarios favorables de sus profesores.

En la primera visita, Daniel me explicó que cuando acabara la ESO quería hacer un grado de fontanería, porque siempre le había gustado trabajar con las manos y pensó que se le daría bien. Su padre era carpintero y él albergaba la esperanza de que tal vez algún día pudieran formar un equipo y trabajar juntos. Le preocupaba que su rendimiento escolar hubiera bajado y reconocía que últimamente estaba saliendo más con un grupo que acababa de conocer en su barrio.

A medida que pasaban las semanas, Daniel empezó a participar en actividades preocupantes: actos vandálicos, pequeños hurtos y peleas con otras bandas. Curiosamente, seguía viniendo a sus sesiones conmigo y yo me preguntaba si explicándomelo se sentía exonerado, a pesar de que mi mensaje era claro en cuanto al peligro que corría. Decidí hablar con su madre, algo que Daniel aceptó como una medida necesaria. En la reunión, él reconoció que no iba por buen camino y acordamos que solo saldría los fines de semana hasta las once. Se dio cuenta de lo preocupada que estaba su madre, odiaba verla llorar, le pidió perdón y nos aseguró que cumpliría su parte del trato. En esos momentos, teníamos frente a nosotros a ese Daniel dócil y sensato que quería estudiar, conseguir un trabajo, ayudar a su madre y a su hermana y salir adelante en la vida.

Desgraciadamente, Daniel no cumplió con lo que nos había prometido. Empezó a faltar al instituto hasta que un día el tutor me informó de que Daniel había pasado la noche en la comisaría. A la mañana siguiente lo había ido a buscar su padre, con cara de pocos amigos. Cuando nos volvimos a ver, me explicó lo ocurrido: una complicada historia de coches robados, persecuciones, disparos y, finalmente, su detención. Su descripción era como de una película de acción en la que él tenía un papel secundario, pero confesó que había pasado mucho miedo al ver que algunos iban armados y sintió un gran alivio cuando finalmente los detuvo la policía.

Me explicó lo fascinante que era el interior del coche patrulla, cuyos dispositivos detectaban automáticamente los coches robados y un sinfín de cosas más. Imaginé que el policía simpatizó con Daniel, porque había estado hablando con él un buen rato y le había explicado toda la tecnología del vehículo. Tal vez el agente se daba cuenta de que ese era el modo más constructivo de alejar a un chaval, todavía sin antecedentes, del mal camino. Al ser menor, lo habían dejado salir con solo una amonestación, sin abrirle un expediente.

Hablando con él tuve la impresión de que Daniel necesitaba haber llegado a ese límite; llevaba un tiempo metiéndose en líos y, en ausencia de su padre y con una madre que en esos momentos se sentía sobrepasada, era necesario que alguien —en este caso, la policía— le parara los pies. El agente había actuado con delicadeza, no lo había humillado ni había utilizado fuerza excesiva, y a Daniel le pareció que ese encuentro le había brindado una segunda oportunidad. Empezó a salir menos y a lamentar actos destructivos en los que había participado. Todo aquello había perdido el atractivo excitante que lo había seducido en un principio: ya no se sentía infalible, sino incauto, y, por primera vez, pensó que no quería acabar en la cárcel.

Daniel también evaluó sus vínculos con los distintos miembros de su familia y llegó a la conclusión de que no veía a su padre con la suficiente regularidad como para que este hubiera podido intervenir antes. «Hace tiempo que ni se entera de lo que hago», me dijo. Yo le sugerí que la intervención policial había sido como un padre estricto que ponía un límite claro, algo que ocurre con frecuencia en casos de padres ausentes. Daniel se quedó pensativo y dijo que, cuando su padre lo recogió en la comisaría, le había echado una bronca mayúscula. Él se disculpó, pero le parecía que, viniendo de un padre al que apenas veía, todo eso había llegado un poco tarde. Se dio cuenta de que su idea de ser fontanero y tal vez trabajar con él era un intento de acercamiento, algo que quizá podía contribuir a que su padre se interesara por él.

En una ciudad grande en la que, con demasiada frecuencia, los jóvenes pierden la vida en sucesos como este, Daniel se sentía afortunado de haber salido ileso de su breve escarceo con el peligro. Alejado del grupo, le asustaba pensar en los riesgos que había corrido con ellos. Aconsejamos a sus padres que Daniel fuera a vivir con su padre para alejarlo de aquel entorno, algo que, de paso, ayudaría a fortalecer su relación. Daniel protestó, pues el traslado suponía un trayecto mucho más largo hasta el centro escolar y además estaba convencido de que su padre no aceptaría ocuparse de él a tiempo completo. Afortunadamente, se equivocó; el disgusto y la consternación de sus padres hicieron que, por primera vez desde la separación, presentaran un frente unido y no le dieran ninguna otra opción. Unos meses después, Daniel terminó la ESO con la nota suficiente para empezar el grado de fontanería.

Hurtos

En general, los adolescentes que cometen actos delictivos no han desarrollado suficiente conciencia social y autocontrol para cumplir las normas de la sociedad en que viven. Cuando un adolescente ha cometido un delito, además de dar los pasos necesarios, hay que intentar *diseccionar* el delito, seguir su trayectoria, desde cuándo surge la idea hasta que se lleva a cabo. Sus actos tienen un mensaje, ya sea de rebelión o de protesta, pero la forma de transmitirlo (que es haciendo algo ilegal) lo desvirtúa y, una vez cometido, lo único que se acaba comunicando son las posibles consecuencias. En algunos casos, el joven parece abandonar cualquier sentido de la responsabilidad y justificar el delito sin darle demasiada importancia y desestimando el impacto que pueda tener para ellos si hay una denuncia.

Caso práctico: Alana
Cuando llamar la atención sale muy caro

Este era el caso de Alana, de quince años. El propósito de la consulta era esclarecer los hechos cuando se descubrió que Alana había sustraído la tarjeta de crédito del monedero de su madre. Una vez que se hizo con ella, fue sacando efectivo, cambiando de cajero automático a medida que llegaba al límite, hasta reunir una cantidad equivalente a mil euros. Entonces se fue de tiendas, se compró varios caprichos y ropa de marca para su novio y luego invitó a *pizza* a su grupo de amigos, a los que anunció que su padre le había dado el dinero por su cumpleaños. Cuando la madre se dio cuenta de lo que estaba ocurriendo, la interrogó al respecto, pero, aunque Alana lo negó, su madre notó el reloj nuevo que llevaba. Para entonces, solo le quedaban doscientos euros y finalmente admitió lo que había hecho.

No tenía una explicación concreta sobre cuál había sido el motivo y dio unas vagas justificaciones: pensaba que no sería tan grave, no creía que su madre se diera cuenta, hasta que, finalmente, admitió que, si acababa en la cárcel, eso tal vez haría reaccionar a sus padres. No podía aguantar más, incluso después del divorcio continuaban atrapados en un conflicto permanente, sobre todo desde que su padre tenía una nueva pareja. Alana veía a su padre de forma irregular y eso la hacía sentirse aún más desplazada y provocaba que su madre estuviera aún más furiosa. Como resultado, sentía que no tenía en quien apoyarse, su madre llegaba tarde del trabajo y, para evitar pasar tanto tiempo sola, Alana se refugiaba en sus amigos. Decía que ella no discutía con su madre, sabía que necesitaba desahogarse, pero estaba harta de escuchar sus lamentaciones.

Le pregunté sobre su creencia de que iría a la cárcel, se encogió de hombros y dijo que había visto un documental sobre una prisión de mujeres «y no estaba tan mal». Le sugerí que tal vez buscaba otro tipo de «familia» en la cárcel y me dijo que sí. Ser hija única no era fácil y, en su situación, prefería perderlos de vista a los dos durante un tiempo.

Esa aparente indiferencia sobre las posibles consecuencias de sus actos era una admisión de derrota: veía su futuro con pesimismo y era evidente que, detrás de su actitud desafiante, estaba deprimida y abatida por la situación familiar. Alana se negó a recibir atención psicológica, pues declaró que eran sus padres los que la necesitaban. Las heridas del divorcio continuaban abiertas, por lo que la recomendación fue de terapia familiar, un espacio en el que, con la ayuda de un profesional, se podía iniciar un diálogo más constructivo, priorizar la necesidad de que ambos padres desarrollaran una relación más sana con Alana y valorar genuinamente la contribución del otro progenitor en la vida de su hija.

Adolescentes adoptados

Los adolescentes adoptados tienen batallas adicionales que librar durante su desarrollo. En España, hoy en día, muchas de las adopciones son internacionales e interraciales y eso complica las cosas un poco más cuando una de las tareas centrales de ese momento del desarrollo es la búsqueda y la construcción de una identidad. Han dejado atrás la infancia y son arrollados por una metamorfosis física y psicológica, lo que hace que, de repente, habiten un cuerpo que a ellos mismos les sorprende. Su cerebro vive una transformación, despierta su sexualidad y todo lo que los rodea se ve con otro prisma. Cuando, además, hay una adopción de por medio, les surgen muchos interrogantes para los que no siempre hay una respuesta fácil.

Datos de los centros de atención psicológica que tratan a familias con conflictos filioparentales y adolescentes con problemas de conducta revelan que entre el 20 y el 25 por ciento de los adolescentes que tratan son adoptados,[3] mientras que en la población general solo representan el 1 por ciento.

En los servicios de salud mental infantojuvenil en Reino Unido ocurre algo muy parecido. Son datos demasiado llamativos como para pasarlos por alto. ¿A qué se debe este fenómeno?

Para comprenderlo, es necesario empezar por el principio. Si damos por sentado que las experiencias tempranas y un apego seguro constituyen los cimientos sobre los cuales se desarrolla la psique humana, es evidente que esos niños habrán tenido una trayectoria muy distinta. Algunos tal vez

3. Carolina García, «Adolescentes adoptados: crecer sin conocer tu historia completa», *El País,* 14 de mayo de 2021. Disponible en <https://elpais.com/mamas-papas/2021-05-14/adolescentes-adoptados-crecer-sin-conocer-tu-historia-completa.html>.

hayan vivido con sus madres durante la primera etapa antes de ser cedidos a una institución. Otros, como en el caso que veremos a continuación, tuvieron un contacto maternal breve al principio de sus vidas y de ahí pasaron a una familia de acogida, que es la antesala de la adopción, pero que también conlleva otra despedida cuando finalmente son adoptados. Otros niños languidecen en orfanatos que hay por todo el mundo, en los que la calidad de los cuidados es muy variable. Hay infinidad de posibilidades diferentes, pero todas ellas tienen en común que han vivido una rotura brusca de vínculos de apego hacia la persona o personas que los cuidaban cuando, finalmente, llega la adopción.

Caso práctico: Joel
Cuando buscan saber quiénes son

Joel, de quince años, acudió a mi consulta acompañado de su madre adoptiva. Ella, con un aire triste y pesaroso, empezó a relatar que hacía ya un tiempo que la conducta de Joel se había convertido en una provocación continua. En el instituto lo habían pillado fumando porros, se ausentaba de las clases sin explicación y su actitud pasota y desafiante hacia los adultos había culminado con su expulsión del centro. Había agredido a su madre en dos ocasiones: una vez le dio un manotazo mientras discutían y otra vez la empujó cuando ella intentaba abrazarlo en un gesto conciliador. Tras tirarla al suelo, salió de la casa y no volvió hasta el día siguiente. Este episodio había sido determinante en su relación: ella estaba muy dolida y reconocía que le había costado perdonarlo. Durante el relato, Joel miraba embelesado su teléfono con la cabeza gacha, como si la cosa no fuera con él.

Decidí que, para hablar libremente sobre las circunstancias de la adopción, la primera parte de la reunión sería solo con la madre. El propósito no es ocultar su historia al adolescente, puesto que ya la conoce, sino poder hablar sin tapujos sobre hechos que, aunque sabidos, no dejan de ser penosos. Los padres adoptaron a Joel cuando este tenía seis meses. En este caso, no había una diferencia racial con sus padres, es decir, el resto del mundo no tenía por qué saber que esa no era su familia de origen. Su madre biológica había tenido varios hijos, algunos de los cuales ya eran adultos, pero su adicción a diversas sustancias la había abocado a una vida precaria e inestable, por lo que había perdido la custodia de Joel y de su hermano menor desde el embarazo. Mientras se tramitaba la adopción, el bebé vivió con una familia de acogida, así que el contacto de Joel con su madre biológica habría durado apenas unas horas. Por lo demás, la infancia de Joel había transcurrido sin contratiempos hasta la muerte de su padre adoptivo tras una breve pero feroz enfermedad cuando Joel tenía diez años. Su madre hablaba con emoción de la pérdida de su marido, un hombre bueno, paciente y muy familiar. Ella creía que tanto ella como Joel se habían sentido a la deriva tras lo sucedido, pero estaba convencida de que, de algún modo, la muerte del padre los había unido todavía más.

Decidí ofrecerle sesiones semanales. A pesar de su historial, percibí en él una inocencia muy esperanzadora. La madre también recibió sesiones de apoyo con un colega para intentar reconducir la relación entre ellos. El adolescente que yo tenía frente a mí no parecía muy interesado en entablar conversación; iba vestido con ropa de deporte de marca, era alto y guapo, con una cabellera de rizos indomables. Las primeras sesiones fueron tortuosas, apenas me miraba y contestaba a mis preguntas con monosílabos, pero mi persistencia empezó a dar resultados y poco a poco se fue abriendo. Me dijo que le había sorprendido que, después de mi conversación con su madre, quisiera trabajar con él. Le pregunté si pensaba que le tendría miedo y se encogió de hombros. No sabía explicar lo ocurrido, solo que lo había pillado en mal momento. Había pedido perdón a su madre, pero reconocía que sus muestras de cariño lo agobiaban y hacían que deseara salir huyendo.

Joel era muy aficionado a la música, tenía una aptitud natural y su sueño era dedicarse a ello profesionalmente. Reconocía que, en esos momentos, lo tenía difícil. De entrada, tenía que encontrar un centro que lo admitiera donde pudiera terminar la ESO con notas aceptables para luego hacer audiciones y entrar en una prestigiosa escuela de música contemporánea. Todo ello sonaba a meta inalcanzable, pero aún había tiempo de reconducirlo.

Su madre le consiguió una plaza en una academia privada para intentar salvar el curso. Joel se sentía como un pez fuera del agua, decía que el sitio estaba lleno de gente rara, de estudiantes rebotados de otros centros, igual que él. La ventaja era que las clases eran pequeñas y eso lo ayudaba a concentrarse en la tarea. Se entendía bien con el profesor de música y eso lo motivaba para seguir adelante; habían acordado que lo ayudaría a preparar las piezas para su audición.

Al cabo de unos meses, Joel me dijo que me quería contar algo importante: «He encontrado a uno de mis hermanos». Me explicó que, con la información que tenía sobre su familia de origen, lo había buscado en redes sociales. Le había contestado su mensaje y ahora no sabía muy bien qué hacer. Me confesó que llevaba más de un año buscando, pero solo quería conocer a sus hermanos, no estaba preparado para ver a su madre, aunque sabía que ellos mantenían contacto con ella.

Hablamos de lo importante que era eso para él, aunque era evidente que, al mismo tiempo, le creaba más preguntas que respuestas, además de un gran conflicto interno. Se sentía desleal hacia su madre adoptiva, que, según él, no sabía nada sobre su búsqueda. Me dijo que sus expresiones de cariño lo incomodaban porque lo hacían sentirse aún más culpable, ya que sentía que con esa búsqueda la estaba traicionando. Estaba seguro de que ella no se imaginaba que él pudiera tener esa curiosidad por conocer sus orígenes, por saber de dónde procedía su talento musical —que, al parecer, compartía con su hermano—, de dónde procedía esa nariz, esa forma de andar, ese pelo tan distinto al de sus padres. Me dijo que desde pequeño se había hecho esas preguntas, pero solo de vez en cuando, si le preguntaban a su madre de quién había sacado los rizos. Sin embargo, desde hacía un par de años se había convertido en una curiosidad obsesiva. Esperaba poder entablar algún tipo de relación con sus hermanos mayores, pero no podía evitar sentir alivio y gratitud hacia sus padres adoptivos: «Si me hubiera quedado con mi madre biológica, seguro que no tendría estas oportunidades». Con cierto apuro, me dio a entender que, por su modo de hablar, había notado una diferencia de clase social y eso le parecía otra barrera, otro dilema que tendría que resolver. Joel se sentía con un deber hacia las dos familias y, con ello, temía decepcionar a ambas.

El rechazo que sentía hacia su madre adoptiva no era solo el producto de esa lucha interna, sino que estaba relacionado con su ansia típicamente adolescente de abrirse al mundo, de explorar y de conocer. Seguir ese ímpetu suponía dejarla sola y si, para colmo, él contactaba con su familia de origen, tal vez eso fuera demasiado para ella y se sintiera abandonada por un hijo egoísta e ingrato. Era como si el amor y la dedicación que su madre vertía en él, en vez de darle alas, lo retuviera junto a ella y ese sentimiento lo asfixiaba.

Joel evolucionó mucho durante la terapia y gestionó con gran madurez sus exámenes y su entrada en la escuela de música. La madre también había seguido su propio proceso y aprendió a regular la distancia entre ellos de una forma más acorde con la etapa adolescente. Me dio las gracias cuando nos despedimos con las palabras «Me has devuelto a mi hijo». Quizá ese comentario denotaba un miedo a perderlo. Respetando la confidencialidad y los deseos de Joel, no hablé con ella sobre su deseo de conocer a su familia de origen, pero, dado que es una curiosidad natural, es posible que ella estuviera preparándose inconscientemente para ese momento.

El comentario de esa madre —«Me has devuelto a mi hijo»— me conmovió y me hizo pensar en todas las veces en las que los pacientes o sus familias han expresado su agradecimiento con esa mezcla de honestidad y alivio. La rivalidad que algunos padres o madres experimentan hacia la terapeuta se desvanece cuando notan que recobran la conexión con el adolescente. Esa frase es casi un reconocimiento de que sentían que ese hijo se había alejado de ellos de tal manera que sus ruegos o sus amenazas no lograban alcanzarlos, porque estaban ya fuera de su órbita parental. Es cierto que, en la terapia, una vez que el adolescente empieza a hilvanar su historia y a establecer conexiones sobre cómo los acontecimientos lo han llevado hasta la consulta, empieza un proceso en el que aprende a poner nombre a sus emociones, a identificar en qué ocasiones se siente de esa manera, y eso hace que la gestión de todo ello le resulte un poco más fácil y tal vez le cause menos ansiedad. Esa mayor claridad hace que lo pueda comunicar mejor, a sus padres, a sus amigos o al resto de la sociedad.

Esto también es una indicación de que **gran parte de los conflictos que aparecen en la adolescencia surgen de esa**

incapacidad de comunicación, esa torpeza a la hora de transmitir un estado mental que, en ese momento, los desborda. Y lo comunican mediante su conducta, un mensaje que, a veces, puede resultar explosivo, herir a otras personas y resultar arriesgado para ellos.

Las familias adoptivas heterosexuales también suelen tener un perfil concreto, ya que, en su mayoría, recurren a la adopción cuando no han podido tener descendencia de forma natural. Es decir, esos padres también han tenido que gestionar y superar su propio trauma de infertilidad cuando reciben a este hijo. Las parejas homosexuales empiezan ya desde otro punto: para formar una familia siempre se tendrá que decidir cuál de las opciones a su disposición será su preferida. El hijo que finalmente llegue a estas familias será como una cita a ciegas.

Como vimos en el capítulo 2, a este entorno llega un niño que ya tiene una historia propia y unas vivencias que, aunque no recuerde, serán parte de su historia. Tampoco podemos pasar por alto que, en general, los niños adoptados tienen mayor probabilidad de sufrir problemas de aprendizaje, trastornos de déficit de atención e hiperactividad y, en la crisis típica de la adolescencia, trastornos de conducta, ansiedad y depresión. Esto puede ser debido a sus experiencias tempranas, a una predisposición o una característica heredada de unos padres que desconocen, a una inquietud emocional sobre su origen que no saben cómo gestionar, o bien a una combinación de todo ello. Afortunadamente, también hay infinidad de adopciones felices, la plasticidad del cerebro humano y los cuidados y el amor que reciben de la familia adoptiva les brinda una oportunidad para salir adelante y disfrutar de todo lo que les ofrece la vida.

Entre los adolescentes es habitual plantearse dudas existenciales y someter a escrutinio todo lo que hasta ese momento era una vida cotidiana. **La curiosidad por su origen o por las circunstancias de su adopción puede resurgir con fuerza,** porque, aunque emulen a sus padres adoptivos en sus hábitos o aficiones, empiezan a vislumbrar su vida adulta y eso también los obliga a mirar en otra dirección, la de su herencia biológica. Algunos sienten que quieren mantener algún tipo de vínculo con su familia de origen. Una paciente mía, Ester, me contó que, al completar su proceso de adopción, cuando ella tenía diez años, sus padres, además de cambiarle el apellido, decidieron cambiar también su segundo nombre de pila. Ester me confesó que ella no quería perder ese nombre, le parecía que, además de su apellido, ese cambio borraba totalmente su pasado y su origen, y no quedaba ni rastro de su historia.

La mayoría de los hijos adoptados conocen los hechos de lo que constituye su historia oficial desde la infancia, pero ahora que están como en una crisálida, surgen nuevos interrogantes. Tal como ocurría con Joel, eso les genera inseguridades con relación a su familia adoptiva, tienen miedo a disgustar a sus padres, tal vez a que los consideren desagradecidos o incluso los rechacen. La desazón que les crea pensarlo hace que imaginen las reacciones más improbables por parte de sus padres adoptivos, cuando probablemente estos se embarcaron en ese proceso sabiendo que siempre cabría esa posibilidad.

El color de la piel en la adopción interracial anuncia a

los cuatro vientos cómo se ha formado esa familia. Sus interacciones y su calor familiar corren un tupido velo sobre la clara ausencia de un lazo biológico. Tanto padres como hijos se acostumbran a absorber las reacciones involuntarias de los que los rodean. Aunque en algunas partes de España va aumentando la multiculturalidad, pertenecer a una minoría étnica puede presentar ciertos retos. Parte de la labor parental trata de equipar a los hijos para cualquier situación que se les presente y, sin embargo, para una pareja de raza blanca es difícil imaginar la experiencia de discriminación racista que puede sufrir su hijo, cómo lo vive y cómo le hace sentir.

Para un niño, tener cualquier característica que se desvíe de la norma representa un trabajo adicional allá donde vaya; tendrá que gestionar todo aquello que evoca su raza o su etnia en la mente de los otros y comprobar dónde lo sitúa esa diferencia. No es un trabajo fácil. En una ciudad tan diversa y multicultural como Londres, pertenecer a una minoría étnica en un entorno predominantemente blanco sigue siendo una tarea delicada que requiere un aplomo que no todos tienen. Por lo tanto, es importante que, aunque el niño o el adolescente adoptado se desenvuelva bien en su entorno familiar, sus padres recuerden que necesitarán equiparlo para combatir los prejuicios que perduran en la sociedad de hoy.

Finalmente, quisiera enfatizar que es importante entender el significado de los actos delictivos que ocurren de forma aislada cometidos durante la adolescencia. Alana no era una ladrona ni Joel un maltratador. **Muchos de estos inci-**

dentes son como esas explosiones que ocurren cuando juntamos muchos componentes inflamables de forma simultánea sin haber tenido en cuenta su capacidad de reacción. Desde luego, no hay que pasarlos por alto, pero cuando ocurren en la adolescencia hay que aprender a verlos como un tropiezo durante el desarrollo, no como una característica caracterológica que vaya a definir a esa persona.

Me parece preocupante el lenguaje que aparece en los medios de comunicación o en las redes sociales cuando se hace referencia a un grupo de menores que comete una agresión sexual. Un adolescente de catorce años que comete una agresión sexual no es un violador, sino un joven que, por una serie de circunstancias que desconocemos, pero que seguro que han sido adversas, se deja llevar por un impulso de querer humillar o vejar y en ese momento no hay nadie que se lo impida, menos aún si actúa en grupo. Ese joven tiene muchas carencias, porque no ha desarrollado el autocontrol ni ha incorporado un valor moral a los actos que comete. Su único objetivo es ubicar ese dolor que vive dentro de él en otra persona. En ese momento, puede llevar a cabo actos crueles y delictivos porque no ha tenido la oportunidad de formar dentro de sí una conciencia, y ese es un estado verdaderamente lamentable para un joven. Hay que contener la mentalidad de linchamiento que se desata en esos casos.

Antes de pedir penas de cárcel para adolescentes, hay que pensar en cómo rehabilitarlos, identificar qué es lo que ha fallado e intentar ponerle remedio.

Y lo mismo ocurre con las agresiones, hay que examinar por qué el adolescente ha recurrido a la violencia y qué medidas hay que tomar para reconducir la situación.

¿Qué puedes hacer para evitar comportamientos problemáticos?

- Pon límites claros desde la infancia. Los límites son necesarios para una educación sana y esto puede implicar tener que tolerar sus protestas sin alterarte. Cuando no se han interiorizado los límites, aumentan las conductas de riesgo, especialmente en la adolescencia.
- Es importante que padre y madre mantengan siempre un frente unido, incluso después de una separación.
- Mantén una comunicación fluida con tu hijo y dale herramientas y oportunidades para expresar su agresividad de forma controlada, ya sea discutiendo respetuosamente o mediante deportes de competición.
- Conoce a su grupo de amigos, que en la adolescencia cobrará una gran importancia. Observa en qué círculos se mueve, qué es lo que los motiva y cómo se relacionan entre ellos. Eso te ayudará a conocer otra vertiente de tu hijo.
- Estate atento a signos que denoten el consumo de alcohol y drogas, porque la pérdida de control que conlleva puede agravar la situación.

¿Qué hacer si tu hijo te agrede?

- **Lo primero y lo más importante es frenar la conducta** y luego ver cómo hay que abordarlo. Tras el primer episodio, cuando las cosas están calmadas, hazle saber cómo te ha hecho sentir y que tiene que modificar esa conducta. Explícale que no puede volver a ocurrir y lo que vas a hacer en caso contrario. Para ello necesitas tener un claro plan de acción y mantenerte fiel a tu palabra. Sobre todo, intenta mantener la serenidad.
- Si las agresiones van precedidas de gritos o discusiones acaloradas, actúa con antelación e intenta dejar claro que no vas a permitirlo. Si no intervienes a tiempo, el desenlace va a ser el mismo.
- Recuerda, **dejándole que te maltrate y encubriéndolo no lo ayudas** y, si tú no puedes frenar la violencia, has de buscar apoyo. Es importante no pasarlo por alto y actuar para ayudarlo a modificar su comportamiento.
- Llama a las autoridades si es necesario. Eso no es tratarlo como un delincuente, sino demostrarle que necesitas buscar ayuda para frenar sus actos. También reafirma el mensaje de que no quieres vivir con miedo y que la violencia en el hogar es intolerable.
- **Busca ayuda psicológica para ti y para él.** Conversa sobre el tema en los momentos de calma en los que, tal vez, sea capaz de ver que necesita desarrollar otros recursos para gestionar sus emociones y expresar su agresividad.

Sé que todo esto asusta un poco, pero hay que intervenir cuanto antes y no dejar que la violencia se convierta en un hábito. He tenido esta misma conversación con muchos padres y, en la mayoría de los casos, una intervención temprana es suficiente para erradicar el problema si se actúa con firmeza. Una vez que las cosas se puedan contener sin violencia, es importante examinar cómo se ha llegado hasta ahí y qué otras alternativas hay a su alcance, para así evitar enfrentamientos futuros.

6

Ansiedad, ¿qué es y cómo funciona?

Vivimos unos tiempos en los que se habla mucho sobre la ansiedad y su presencia en la vida cotidiana parece haberse redoblado desde la pandemia del covid. Pero ¿qué es exactamente? A grandes rasgos, es nuestra respuesta instintiva frente a lo que percibimos como una situación de peligro o que simplemente atenta contra nuestro bienestar. De entrada, hay que aclarar que **la ansiedad como emoción no siempre es mala; en pequeñas dosis nos hace estar alerta y concentrarnos a fondo en la tarea que tenemos por delante.** Sentirse ansioso antes de un examen no es necesariamente malo ni patológico, sino que puede ayudar a concentrar nuestra atención y también indica nuestro deseo de hacerlo lo mejor posible. Es decir, en pequeñas dosis, la ansiedad puede ser positiva. Ahora bien, los problemas surgen cuando se convierte en algo patológico, cuando el exceso de ansiedad nos paraliza o cuando se vuelve un obstáculo frente a las tareas del día a día.

Cuando hay un peligro real, por ejemplo, si la persona está huyendo de una explosión, sentir miedo y ansiedad es una reacción sana y legítima, porque está en peligro su seguridad, su integridad física y quizá la de otras personas. **Un trastorno ansioso aparece cuando no hay ningún peligro visible, pero el estado de agitación continúa** y, por ejemplo, impide al individuo salir a la calle a comprar el pan, o tal vez la idea de acudir a una celebración que reúne a veinte familiares le causa pavor.

La ansiedad proviene del miedo, pero es un miedo a algo cuyo verdadero origen, con frecuencia, desconocemos. Suele aparecer sin un motivo aparente y eso hace todavía más difícil su gestión. Por ejemplo, hay personas que se despiertan con ansiedad, con una sensación física de congoja que actúa como una nube negra sobre su día, y eso es lo que la diferencia del miedo, que es algo puntual y claro, una emoción que nos alerta de la posibilidad de peligros; nos puede dar miedo caminar por una calle oscura o tirarnos desde un avión con un paracaídas.

Sin embargo, ambas emociones están relacionadas. Cuando se vive en una situación crónica de miedo, cuando hay que estar siempre alerta frente a una posible amenaza, la ansiedad se implanta en la psique.

Si un niño crece en un entorno en el que el miedo es una emoción predominante, tendrá niveles más elevados de cortisol —la hormona generada en situaciones de estrés— y eso hará más difícil la autorregulación de sus emociones y aumentará la probabilidad de que sufra ansiedad en la edad adulta.

Situaciones como la violencia doméstica, el abuso físico, sexual o emocional, o el acoso escolar pueden dar pie a un trastorno crónico que, de no ser procesado adecuadamente, impactará seriamente la vida de esa persona. Pero, del mismo modo, la ansiedad reside en la mente y puede tener otros orígenes más ocultos. Puede crecer de forma desmesurada y causar fobias a situaciones a las que nunca se ha tenido que enfrentar. A veces son emociones que se heredan y se aprenden en la familia. Es frecuente ver a niños con miedo a las arañas o a los perros, aunque nunca los hayan atacado, porque sus padres se lo han transmitido.

Muchos de nuestros recursos adaptativos están destinados a evitar la ansiedad o a gestionarla para intentar mitigar sus efectos, porque hace que la persona se sienta mal, le resulta incómoda e incluso le causa un dolor físico. En niños y adolescentes se manifiesta habitualmente como un dolor de barriga (los famosos *retortijones*) o de cabeza, un episodio taquicárdico o un dolor localizado en ciertas partes del cuerpo; todo esto aparece de forma espontánea, pero sin tener un origen orgánico. Es lo que conocemos como *somatización.*

En ocasiones, la ansiedad distorsiona la visión sobre lo que está ocurriendo y puede hacer que la persona solo vea los peligros potenciales en cualquier situación cotidiana. Por ejemplo, una paciente adulta que sufría de ansiedad me explicaba que en su lugar de trabajo surgían con frecuencia oportunidades de viajar a otros países. Ella ocupaba un puesto de dirección y la ocasión se le había presentado varias veces. Reconocía que le resultaba atrayente, pero siempre buscaba pretextos para no ir, porque se veía incapaz de gestionar la ansiedad que le causaba solo pensar en ello. Suponía, de entrada, estar fuera de su casa, que era su lugar seguro, tener que viajar en avión, llegar a un lugar desconocido y, una vez allí, pensar si podría conciliar el sueño en tales circunstancias y además tener que participar en reuniones y eventos de trabajo... Todos esos pensamientos asediándola eran demasiado para ella y reconocía que, a lo largo de su vida, su ansiedad (y cómo evitarla) había jugado un papel determinante en su vida, porque la había frenado en su trayectoria profesional y le había impedido alcanzar otras metas.

Una persona sufre un trastorno de ansiedad cuando experimenta una reacción desproporcionada a la amenaza que existe en la situación real.

La ansiedad excesiva produce intranquilidad y, con frecuencia, se manifiesta con síntomas físicos, que pueden ser insomnio, taquicardias, mareos, temblores, estados de agitación, problemas gastrointestinales y de respiración. Este estado de tensión crónico, a su vez, dificulta nuestro funcionamiento, porque impide la concentración, causa irritación, fatiga y, en algunos casos, ataques de pánico, y todo ello puede envolver a la persona que lo sufre en un bucle muy negativo del que es difícil salir. A veces la ansiedad puede impulsar a la persona a actuar de forma precipitada, cuando su estado de agitación le impide evaluar con claridad una situación. Tener que sopesar los pros y contras la abruma, le crea mayor ansiedad y, para evitarlo, acaba tomando una decisión de forma impulsiva, solo para acallar su creciente desasosiego. Es decir, **la ansiedad des-**

calibra su brújula interna e influye en sus decisiones y en su comportamiento.

La inmensa mayoría de los cuadros clínicos que vemos en servicios de salud mental provienen de un miedo a algo que no se acaba de identificar, pero que se focaliza en una idea fija y concreta. Como es de esperar, la persona que lo sufre intenta evitar a toda costa cualquier circunstancia que le suponga un desafío o que pueda desencadenar un episodio ansioso, es decir, evitan cualquier estímulo que pueda actuar como un detonante. Esta postura evitativa llega a ser problemática a largo plazo, ya que ir eliminando situaciones potencialmente estresantes hace que acaben viviendo en un mundo cada vez más reducido, lo que quizá conduzca a un aislamiento social, lo cual puede acarrear otros problemas. En lugar de aprender a gestionar y comprender el origen de su ansiedad, evitan tener que sufrirla y esto, a su vez, puede generar mayor ansiedad frente a las situaciones imprevistas que puede encontrarse en el futuro. En consecuencia, es posible que el modo de vida que su ansiedad los obliga a seguir les cause otros trastornos, como la depresión.

Es frecuente que la ansiedad haga su aparición de forma inesperada, cuando un resquicio de experiencias traumáticas pasadas, que pueden haberse sufrido en la etapa preverbal de la vida (de cero a dieciocho meses), se reactiva en nuestro interior, por lo que el origen no siempre es fácil de identificar. Suelen ser episodios en los que el niño se ha sentido desprotegido y vulnerable, y esa emoción se instala de forma permanente en el inconsciente, por ejemplo, si las circunstancias lo alejan de la persona con la que ha establecido el vínculo de apego, como ocurre en algunas adopciones o en las situaciones de emergencia, que vemos frecuentemente en poblaciones migratorias o refugiados.

Martín, un paciente de cuarenta años con un trastorno de ansiedad, lamentaba haber desperdiciado su juventud habiendo vivido de ese modo. Los episodios frecuentes de ansiedad lo habían acompañado desde su adolescencia y le producían un intenso dolor en el pecho. En el curso de la terapia fuimos identificando sus orígenes, pero, a medida que mejoraban sus síntomas, se desataba otro proceso depresivo, que era el de lamentar los años en los que, lejos de vivir la despreocupación propia de la juventud, había pasado largas temporadas en su habitación, sin apenas ver a nadie, alejado de cualquier actividad que pudiera actuar como un detonante.

El trastorno de estrés postraumático

La ansiedad patológica puede ser el resultado de un trauma que ya ha sido identificado y que, por algún motivo, no ha sido superado del todo. Este cuadro clínico se llama *trastorno de estrés postraumático* (TEPT) y consiste en la incapacidad de reponerse de manera saludable tras haber sufrido una mala experiencia. Ese acontecimiento pasado se vive como un trauma, por lo cual, como vimos en el capítulo anterior, sobrepasa y barre nuestras defensas y nos hiere en lo más profundo.

El cuadro clínico del TEPT siempre conlleva ansiedad, además de otros síntomas relacionados con la experiencia traumática como, por ejemplo, recuerdos intrusivos o *flashbacks* acompañados de síntomas físicos, sueños recurrentes relacionados con el episodio traumático y estados de hipervigilancia y excesiva reactividad. La persona que sufre TEPT por lo general intenta evitar acercarse al lugar donde ocurrió y cualquier pensamiento relacionado con ello. También en este caso puede tener problemas de concentración, arrebatos de ira, insomnio, aislamiento social y síntomas depresivos, acompañados de sentimientos de culpabilidad o vergüenza. Es un cuadro complejo que debe tenerse presente cuando se establece un diagnóstico en un adulto.

Los niños y adolescentes que sufren de TEPT suelen presentar algunos de esos síntomas, especialmente la hipervigilancia y los trastornos de sueño. Pero también pueden comportarse de manera inusual e incluso puede parecer que retrocedan en su desarrollo y muestren conductas que ya habían dejado atrás, como orinarse en la cama o aferrarse a los adultos en situaciones cotidianas. En casos graves, pueden perder temporalmente la capacidad de hablar, tal vez desarrollar un tartamudeo o exhibir tics nerviosos. Muchos niños reproducen la experiencia traumática mediante el juego y esto, aunque aparezca como un síntoma, puede ser un recurso adaptativo que los ayuda a procesar lo ocurrido y, en su mente, les da un cierto control sobre los acontecimientos, lo cual puede ser beneficioso para su recuperación.

Caso práctico: Aída
Cuando se interviene antes de tiempo

Así sucedió con la pequeña Aída, durante su terapia. Aída, de cinco años, había sido separada de su madre de forma repentina ante la sospecha, por parte de su maestra, de que recibía malos tratos en su casa. Cuando se investigó, descubrieron que los moretones que tenía en brazos y piernas eran debidos a un problema orgánico y no por haber sido víctima de abuso físico. Lamentablemente, para cuando se recibieron los resultados de la investigación y de los chequeos médicos, Aída había vivido alejada de su familia durante seis meses. Cuando la derivaron a los servicios de salud mental infantil, Aída ya había regresado al hogar familiar, pero se mostraba inquieta e hipervigilante, y eso dificultaba su capacidad de concentración. Sus miedos nocturnos convertían la hora de dormir en una verdadera odisea. Aída había vivido momentos de verdadero terror cuando una serie de adultos desconocidos, miembros de la policía y de los servicios sociales, la habían arrebatado de su hogar de forma inesperada, a pesar de las protestas y de las súplicas de sus padres.

Durante la terapia, la niña jugaba con familias de animales (vacas y ovejas) y creaba tramas en la granja de juguete. A veces, los animales salían y circulaban por el consultorio en fila india hacia otro punto de la estancia. De repente, llegaba un robot gigante o alguna figura invencible y poderosa y arrebataba a una de las crías del rebaño. La niña entonces gritaba: «¡¡¡Mamiiiiiii!!!» con una desesperación que, en esos momentos, igual que hoy cuando lo recuerdo, me ponía los pelos de punta. Entonces el juego se revolucionaba y la figura madre luchaba con el intruso para recuperar a su cría. El intruso atacante siempre ganaba y salía huyendo con la cría hacia un lugar desconocido. El trabajo terapéutico consistía en reconocer el terror que había vivido y lo difícil que era olvidar aquellos momentos aterradores. Con el tiempo, el juego fue evolucionando, la figura de la madre se fortalecía y conseguía finalmente ahuyentar al intruso y recuperar a su pequeño. Sus síntomas generales también mejoraron, tanto en casa como en el colegio.

La psicoterapia psicoanalítica ayuda a los pacientes a crear una narración sobre lo que les ha ocurrido, lo que les permite encontrar un lenguaje adecuado para identificar sus emociones y ordenar sus ideas y sus recuerdos. En algunos casos, una vez que se ha tratado en la terapia, los niños empiezan a hablar sobre ello con sus padres y con otros adultos, y eso también puede resultarles reconfortante, porque los ayuda a que les encajen todas las piezas de lo que habita en su mente.

En la etapa adolescente, el TEPT puede causar los síntomas ya mencionados, pero, debido a las características específicas de ese periodo, es frecuente que lo manifiesten además en conductas que, desde fuera, a veces se ven como disruptivas, irrespetuosas o destructivas, pero que están simplemente destinadas a paliar su ansiedad. *A posteriori,* muchos de ellos piensan en cómo podrían haber actuado para evitar lo ocurrido. En estos casos, es fácil ver cómo esa situación de vulnerabilidad psicológica puede ser manipulada con fines políticos o de otro tipo, tal y como se ha visto en jóvenes que sufren radicalización política y se unen a grupos terroristas. Unirse a alguna causa que requiera su movilización les sirve para canalizar su frustración y les crea una sensación de estar en control, de que pueden tomar las riendas de su vida, algo que les proporciona un alivio temporal. Esa misma vulnerabilidad en ocasiones los hace recurrir al uso de alcohol o de drogas para mitigar su estado de ansiedad.

Con relación a la salud mental infantojuvenil, estudios recientes nos recuerdan la importancia de tener en cuenta un posible cuadro de TEPT en menores que han sufrido un trauma, ya que su sintomatología hace que, con frecuencia, se los diagnostique erróneamente con trastornos de neurodesarrollo como TDA o trastorno del espectro autista. La mayoría de los menores que crecen al cuidado de servicios sociales, los niños emigrantes o refugiados y aquellos que han crecido en familias vulnerables han sufrido experiencias traumáticas y es ingenuo creer que, una vez que están a salvo, todo va a salir bien, porque su mundo interior está hecho trizas. El TEPT es un diagnóstico preocupante que requiere una intervención. Afortunadamente, con ayuda terapéutica, tiene remedio.

Los casos más frecuentes de TEPT suelen ser excombatientes del ejército, de las fuerzas del orden y servicios públicos (policías, bomberos), personas que han sufrido acontecimientos imprevisibles como accidentes de tráfico, guerras o actos terroristas y, por último, las víctimas de abusos, de maltratos o de violencia doméstica. Es decir, las secuelas de un evento que atentó contra su integridad o contra su entorno pueden, en ocasiones, dar pie a un trastorno de ansiedad crónica.

Pero también hay personas que sufren de TEPT tras un acontecimiento repentino que no ha supuesto una amenaza para ellos, como, por ejemplo, la muerte súbita de un familiar o recibir un diagnóstico médico inesperado. Tener que aceptar un acontecimiento para el que no se está preparado requiere un esfuerzo psicológico importante, se activa la capacidad de resiliencia y la mayoría de las personas necesitan un periodo de tiempo para, poco a poco, poderlo encajar. Sin embargo, hay personas que, debido a una serie de factores, como su perfil psicológico, sus experiencias pasadas o su herencia genética, lo viven como un ataque personal para el cual sus mecanismos de defensa habituales son ineficaces y lo experimentan como una puñalada psíquica cuya herida no acaba de cerrarse.

En mi trabajo con familias cuyos hijos sufren alguna discapacidad, el TEPT suele ser un tema recurrente. Recibir el diagnóstico inicial de que un hijo sufre o sufrirá un síndrome raro o un trastorno crónico es traumático para los padres y para los familiares cercanos. A medida que pasa el tiempo, se va vislumbrando una nueva realidad que no habían anticipado y han de asumir que gestionar la discapacidad de ese hijo va a transformar la vida familiar de forma radical. La discapacidad de un miembro de la familia impacta seriamente su libertad de movimientos, los obliga a acudir a visitas médicas que parecen no acabarse nunca y, para rematar, han de gestionar sus propios miedos sobre el futuro de ese hijo o esa hija que siempre será vulnerable. El trauma se reaviva de forma periódica a medida que se enfrentan a los desafíos de cada etapa del desarrollo y por ello es tan importante, en estos casos, acudir a terapia y cuidar de su salud mental siempre que puedan.

El deseo de perfección

En capítulos anteriores hemos visto cómo las expectativas parentales, desde la concepción del bebé, han ido en aumento. Gracias a las redes sociales y la globalización de contenidos, las madres de hoy en día tienen infinidad de modelos de crianza donde elegir, y la sensación de tener que seguir algo a rajatabla (o, aún peor, no llegar) crea todavía más presión, más culpabilidad y, en resumidas cuentas, más ansiedad. Lo vemos claramente en los adolescentes cuando aspiran a tener un físico determinado o a la meta inalcanzable de poder emular a un *influencer* y esos mismos mecanismos pueden estar funcionando en la mente de un adulto. Es un bucle muy pernicioso que, cuanta más presión genera, más los envuelve en la vorágine de las aspiraciones y más difícil es detenerse a reflexionar. Y eso es lo que crea ansiedad. Ansiedad sobre ambiciones hipotéticas y sobre ideales inconquistables, que se han implantado en las vidas de muchas personas a las que no conseguirlo puede llegar a crearles estados de angustia; eso que algunos consideran «problemas del primer mundo», pero que no por ello son menos reales.

Esa pregunta que tantas veces he oído en la consulta en boca de unos padres preocupados, «¿Qué me he perdido?», denota una sensación de derrota, de haberlo hecho mal, de no haber estado atento, es decir, de haber fallado en la misión de educar a un hijo sano y feliz. Muchas familias, sobre todo madres, me transmiten el mensaje «No me da la vida para todo». Y esa misma ansiedad es precisamente la que puede encerrar a los adultos en su nube de preocupación, aislarlos de su entorno y hacerlos menos accesibles a sus hijos. Tal vez pasen tiempo material con ellos, pero siempre están pensando en todo aquello que todavía tienen por hacer: esa llamada a la abuela para ver cómo se encuentra o ese pasar por la tienda a buscar algo para cenar.

Y, en muchos casos, el teléfono móvil, que siempre tiene algo que ofrecerles como escapismo y distracción, los aleja momentáneamente de la ansiedad. Cuando voy y vuelvo de trabajar, paso por delante de varias escuelas y observo, con una mezcla de pena y de horror, cuántos padres y madres, mientras llevan a sus hijos de la mano, van hablando por teléfono o mirando la pantalla. La conversación de la mañana sobre el día que tienen por delante, o la que podrían tener al terminar la jornada escolar para averiguar cómo les ha ido, se esfuma. Las transiciones entre las diferentes etapas del día, la preparación logística y psicológica que se hacía cotidianamente con los hijos para una cosa u otra parecen no tener importancia y han sido desplazadas por ese dispositivo.

Unos padres que van a la carrera, ansiosos por cumplir sus múltiples metas, sean personales o laborales, no solo son más propensos a sufrir ansiedad, sino que también tienen menos espacio mental para detectar los pequeños cambios en sus hijos. Y, con frecuencia, están menos capacitados para gestionar la ansiedad que estos pueden sufrir.

Hace un tiempo tuve una conversación con la madre de una adolescente cuya ansiedad le estaba causando insomnio y dificultades en los estudios. La madre me escuchaba y parecía estar atenta, pero, de pronto, me decía: «Pero está bien, ¿no?» o «Se le pasará, ¿no?», como queriendo asegurarse del objetivo final sin tener que reflexionar sobre el proceso ni, desde luego, sobre el papel que podía jugar ella misma en todo eso. Su impaciencia era precisamente una de las causas de la ansiedad de su hija. La chica me decía: «Mi madre es muy buena y se esfuerza mucho con todos, pero no entiende lo que me pasa, se impacienta y cree que es culpa mía, que le doy demasiada importancia a todo». Esa madre tenía una personalidad distinta a la de su hija y era una de esas personas que habitualmente gestionan su ansiedad con una rutina de actividad frenética.

Mantener una vida activa es bueno, pero estar en movimiento constantemente, enlazando una cosa con otra sin una pausa, suele ser una defensa contra la reflexión. La actividad frenética o incesante puede servir para no tener que quedarse uno mismo solo con sus pensamientos, es una huida hacia delante que nos impide vivir en el ahora. Es una manera muy habitual de gestionar la ansiedad, como esa persona que te recoge el plato cuando todavía no has acabado el último bocado y te dice: «Es que no sé estar quieta».

El panorama español

Según el informe del Sistema Nacional de Salud Mental publicado en diciembre de 2020, la ansiedad es el trastorno mental más frecuente en la población española. Los datos revelan que el trastorno ansioso afecta al 6,7 por ciento de la población adulta y aproximadamente un 10,4 por ciento adicional presenta síntomas relacionados con ese cuadro. Las cifras evidencian otro rasgo interesante, que es una clara división de género, ya que este trastorno afecta casi el doble a las mujeres. Un 8,8 por ciento lo padecen frente a un 4,5 por ciento entre los hombres.[1]

La manifestación más frecuente de la ansiedad es el insomnio o trastorno de sueño, que, de nuevo, afecta más a las mujeres (15,8 por ciento) que a los hombres (5,1 por

1. César de la Hoz, «Exhaustos y estresados para criar», *El País*, 29 de mayo de 2023. Disponible en <https://elpais.com/mamas-papas/2023-05-29/exhaustos-y-estresados-para-criar.html>.

ciento). Las causas de estas diferencias suelen estar relacionadas con el hecho de que, en la mayoría de los hogares, la división de los cuidados a los hijos y las tareas del hogar no suele ser equitativa y las mujeres, por motivos ancestrales en los que no voy a entrar, suelen ser las cuidadoras. Una vez alcanzada la mayoría de edad, un elevado porcentaje dedica parte de su tiempo al cuidado del hogar y de los hijos, además de dedicar tiempo a familiares, vecinos o personas vulnerables de su entorno. En las familias en las que hay hijos o personas con discapacidad, enfermedades crónicas o ancianos, estos menesteres pueden convertirse en una ocupación (casi siempre no remunerada) a tiempo completo, de la que rara vez se tiene un respiro.

Si a esto se le añade ejercer una profesión y la falta de conciliación por la que se está luchando en el mundo laboral, todo ello convierte la vida de cualquier madre de familia en una tarea titánica. La gestión del reparto de roles entre los progenitores, qué hacer con los hijos durante las vacaciones escolares, cómo reconciliar eso con horarios laborales inflexibles, con el aumento del coste de la vida y, para colmo, tener que renunciar a su propio desarrollo profesional para no cargar más las tintas..., ese cúmulo de circunstancias genera una tormenta perfecta de la que fácilmente puede nacer un trastorno de ansiedad generado por el estrés incesante de la vida cotidiana.

Los cuadros clínicos con trastornos de ansiedad son muy frecuentes en los servicios de salud mental. El mejor tratamiento es, sin duda, una terapia, y hay muchas opciones, que van desde una terapia cognitiva conductual o un tratamiento psicodinámico de duración variable. La elección depende de lo que haya disponible en la sanidad pública o de si la asistencia privada es una opción viable (según el poder adquisitivo y el criterio personal de cada uno). Para los niños y adolescentes, el panorama es todavía más difícil, ya que dependerá de los servicios de salud mental infantojuvenil que tengan a su alcance.

En general, la realidad de lo que suele ocurrir en la mayoría de los casos es poco alentadora. De entrada, en España no hay suficientes profesionales de la salud mental en el sistema sanitario, con solo seis por cada 100.000 habitantes, lo cual supone un tercio de los que hay en otros países europeos, sin mencionar ya los países nórdicos, en los que hay una media de cien profesionales por cada 100.000 personas. El panorama español empeora cuando, entre los psicólogos clínicos que se forman, menos de la mitad trabaja en la sanidad pública. Para rematar, hay un reparto muy desigual de servicios en las distintas comunidades autónomas: por ejemplo, en Cataluña hay quince psicólogos por cada 100.000 personas, mientras que en Andalucía solo hay tres.

Entonces, ¿qué ocurre cuando una persona que sufre ansiedad acude a su médico de cabecera? Al parecer, lo más frecuente es que este, consciente de la sobrecarga del sistema y de las largas listas de espera, le recete un ansiolítico como solución a corto plazo y le dé algunas sugerencias sobre cómo puede mejorar su estado mental introduciendo algunos cambios en su modo de vida. Aproximadamente un 10 por ciento de estos pacientes (probablemente los casos más agudos) serán derivados a los servicios de salud mental, donde se encontrarán con que la atención sigue siendo insuficiente, ya que el tratamiento suelen ser sesiones de terapia de 40 minutos cada dos o tres semanas, lo que deja mucho que desear. Personalmente, creo que esta debe de ser una situación desesperante, tanto para los pacientes como para los profesionales que los tratan.

Los ansiolíticos pueden aliviar a corto plazo, pero están muy lejos de ser una solución. De hecho, a la larga pueden causar otros problemas. Según datos recogidos en 2021 en el último informe de la Junta Internacional de Fiscalización de Estupefacientes, España es el país que más benzodiacepinas o ansiolíticos consume del mundo, seguido de Bélgica y Portugal. El 11 por ciento de la población española adulta los consume a diario como tratamiento para la ansiedad o el insomnio, lo cual supone unos cinco millones de personas.[2, 3]

Entre los profesionales de la salud mental hay muchas voces en contra de esta tendencia. Afirman que se están medicalizando los procesos naturales de la vida con la idea de que «la pastilla lo cura todo», en vez de abogar por un proceso que trabaje y ponga a prueba la resiliencia de los pacientes y los ayude a desarrollar nuevos recursos, tal como invoca el refrán: «Lo que no te mata te hace más fuerte».

2. Lidia Ramírez, «España es el país donde más ansiolíticos se consumen: el 11 % de la población los toma», *The Objective,* 22 de mayo de 2022. Disponible en <https://theobjective.com/sociedad/2022-05-22/consumo-ansioliticos-espana-valium-orfidal/>.

3. María Álvarez del Vayo, Ángela Bernardo, Carmen Torrecillas, Olalla Tuñas y Eva Belmonte, «El consumo de ansiolíticos en 2020 fue el más alto de la última década», *El Confidencial,* 30 de abril de 2021. Disponible en <https://www.elconfidencial.com/espana/2021-04-30/consumo-medicamentos-ansiedad_3055984/>.

Superar situaciones adversas fortalece la psique y afianza nuestros recursos emocionales, pero para eso se necesita ayuda. Las experiencias traumáticas que no han sido procesadas no solo no fortalecen, sino que pueden debilitar los cimientos sobre los que construimos nuestras vidas.

Según la mutua colaboradora con la Seguridad Social Fremap,[4] los trastornos de salud mental son responsables del 15 por ciento de las bajas laborales en España, siendo la segunda afección más común por detrás de las dolencias musculoesqueléticas. La duración media de estas bajas es de 98 días, es decir, tres meses. Las cifras hablan por sí solas, ya que en el año 2021 se contabilizaron un total de 56.595 bajas por salud mental, con un coste de 373,4 millones de euros.

Se trata de una afección seria, ya que los trastornos de ansiedad pueden llegar a ser sumamente debilitantes. Entre los niños y los adolescentes, la manifestación equivalente a las bajas laborales de los adultos suele ser el rechazo escolar. En el centro educativo puede haber multitud de circunstancias que les causen ansiedad, como su rendimiento académico, ser aceptados por el grupo, hacer amigos o no ser ridiculizado por su aspecto físico, su ropa, el lugar donde vive, su procedencia étnica, etcétera; la lista puede ser interminable.

4. Carmen Sánchez-Silva, «Las empresas se sientan en el diván: las bajas por problemas de salud mental aumentan un 17 %», *El País,* 12 de diciembre de 2022. Disponible en <https://elpais.com/economia/negocios/2022-12-12/las-empresas-se-sientan-en-el-divan-las-bajas-por-problemas-de-salud-mental-aumentan-un-17.html>.

El acoso escolar es una de las causas más frecuentes de trastornos de ansiedad en niños y adolescentes.

Caso práctico: Teo
Cuando ellos mismos son su peor enemigo

El padre de Teo, un adolescente de diecisiete años, contactó con el servicio de apoyo psicológico porque estaba preocupado por él. En casa habían notado que, desde hacía un tiempo, se preocupaba en exceso por cualquier cosa y parecía obsesionarse y alterarse por minucias. Estaba convencido de que algunos de sus compañeros lo juzgaban desfavorablemente o bien pasaban de él por completo. Según su visión: «Si yo desapareciera del mapa, nadie se daría cuenta». Su rendimiento escolar era satisfactorio, pero también eso lo había empezado a preocupar de forma desmesurada. Desde hacía un tiempo, Teo sufría insomnio y la fatiga que sentía a consecuencia de su falta de sueño agravaba sus síntomas.

Cuando conocí a Teo vi que era un joven tímido y poco seguro de sí mismo. Era alto, delgado y con el pelo revuelto, con aspecto de poeta soñador. Cuando su padre le explicó que había pedido una consulta conmigo, reaccionó con una actitud típicamente adolescente, con cierta reticencia y poca convicción. Sin embargo, reconocía que necesitaba ayuda y, una vez en la consulta, se comunicó conmigo sin tapujos. Enseguida noté que era un joven inteligente y sensible y reflexionaba en profundidad sobre las cosas. Se me ocurrió que, tal vez, esa intensidad le impedía disfrutar con las actividades más despreocupadas de sus coetáneos, porque él mismo se juzgaba duramente cuando se veía obligado a ir a fiestas que consideraba aburridas y sin sentido, en las que le parecía insufrible la conducta bochornosa de algunos de sus amigos.

Él mismo era capaz de ver la contradicción: si no lo invitaban o decidía no ir, se sentía marginado y olvidado por los demás, pero creía que, uniéndose al grupo, traicionaba de alguna manera sus principios. Me contó que le gustaba leer poesía y ver películas de cine clásico y era fácil advertir cómo esas aficiones lo separaban o lo distanciaban de sus compañeros. Me explicó que, durante un periodo de su enseñanza primaria, había sufrido burlas y acoso escolar, algo que él achacaba a sus gustos minoritarios y a que no le gustaba el fútbol. Había adoptado una actitud de cierta superioridad hacia las aficiones más terrenales de los chicos de su edad. Aun así, había conseguido formar un pequeño círculo de amigos con el que compartía algunas de sus aficiones, si bien confesaba que los demás los veían como los raros de la clase.

Teo tenía tendencia a la **rumiación,**[5] le daba vueltas a todo de manera inconsciente y obsesiva, lo cual magnificaba sus preocupaciones y lo atrapaba en una especie de bucle destructivo. Adjudicaba sus sentimientos de autocrítica a los demás y, en esos momentos, todo se agravaba. Se convencía de que lo juzgaban duramente, de que a nadie le importaba su presencia y de que lo veían como un pringado. Algunos días, la ansiedad que le generaba esa convicción le impedía asistir a clase.

Sus padres intentaban ayudarlo a salir de ese bucle de negatividad, cada uno a su manera. Su madre era una mujer resolutiva y

5. El término *rumiación*, en psicología, es darle vueltas a un pensamiento, a una idea o a un posible problema, de manera inconsciente y casi obsesiva, provocando a la persona cierto malestar e impidiéndole salir de ese ciclo.

de reacciones rápidas, por lo cual solía decirle cosas como: «Seguro que no es tan grave como a ti te parece», «No le des tantas vueltas a todo» o «Has de curtirte un poco o vas sufrir mucho». En esos momentos, Teo sentía una profunda irritación, porque se veía incomprendido. Su padre, por el contrario, era un hombre sensible que sabía leer sus reacciones y apoyarlo de forma más efectiva. A Teo le gustaba pasar tiempo con él y poder hablar sobre estos temas. Su hermano menor era todo lo contrario: el alma de la fiesta, sociable, deportista y popular en su clase. Teo hablaba de él con cierto desdén, como si su hermano perteneciera a esa categoría de adolescentes por los que quería sentirse aceptado, pero que, a la vez, consideraba superficiales y frívolos. Sin embargo, ese desdén también denotaba una cierta envidia de su popularidad y su despreocupación.

Durante las sesiones, pensamos en su relación con sus compañeros y pudo ver cómo la opinión que creía que tenían sobre él estaba basada en sus miedos, derivados de las experiencias de acoso que había sufrido en el pasado. Empezó a entender cómo proyectaba su visión autocrítica en sus compañeros y eso hacía que se sintiera juzgado por ellos. Es más, su escrutinio incesante de sí mismo y de los demás le impedía vivir en el presente y disfrutar del momento. Se dio cuenta de que su actitud de superioridad hacia los demás era su propio intento de pasar por alto la turbulencia propia de la etapa adolescente, los conflictos emocionales y los sentimientos contradictorios que no sabía gestionar y que, por lo tanto, calificaba de banales.

También exploramos su relación con sus padres y pudo ver cómo los dos progenitores le daban algo que necesitaba: su padre, una escucha atenta y empática; y su madre, una actitud más proactiva y, a veces, más implacable, que lo impulsaba a salir de sus ciclos de rumiación interminable y activarse, aunque fuera en contra de su voluntad. Poco a poco, Teo fue superando su ansiedad y aventurándose a salir con sus amigos de forma más natural y despreocupada. Es decir, se relajó. Lo ayudó a ser más tolerante hacia su propia idiosincrasia, sin asumir que por ello iba a ser marginalizado. Concluyó que, cuando fuera a la universidad, encontraría gente más afín a sus intereses.

Este caso es un buen ejemplo de cómo una buena intervención parental, que puede incluir buscar ayuda profesional, logra ser determinante en momentos de crisis. Para Teo, la combinación de su padre y su madre le ofrecía dos tipos de impulso: por un lado, podía reflexionar con alguien que validaba sus sentimientos; y por otro, tenía a alguien que, contrariamente a sus deseos, lo animaba a no perderse en sus elucubraciones melancólicas y a ponerse a prueba en el mundo real. Nuestras sesiones, además, le brindaban la oportunidad de explorar todo ello acompañado de otra mente adulta en un espacio seguro y confidencial, en el que nadie iba a juzgarlo y donde no arriesgaba su relación con las personas de su entorno. A medida que fuimos avanzando, su ansiedad disminuyó considerablemente, y eso lo ayudó a ver las cosas de una forma más equilibrada y más optimista. Se permitió a sí mismo participar en las actividades escolares y sociales e incluso disfrutar de ellas, lo cual (decidimos de mutuo acuerdo) suponía un gran logro.

La importancia de conocerse

La clave de muchas de estas situaciones y **uno de los verdaderos propósitos de una terapia es el autoconocimiento.** Aceptar cómo es cada uno, distinguir si se hace algo porque uno quiere o porque se siente obligado para encajar en un grupo, conocer cuáles son las defensas que se emplean frente a los avatares de la vida, es una parte esencial de la buena salud mental y eso es precisamente lo que, con frecuencia, crea una crisis entre los adolescentes de hoy. En esta etapa del desarrollo, es normal buscar grupos con los que identificarse en los que se dé una cierta uniformidad. Pero la implantación de las redes sociales en las vidas de nuestros jóvenes ha llevado eso al extremo, los pone en contacto con ideologías y mundos muy dispares en los que, para poder entrar, tal vez tengan que renunciar a alguno de sus principios. El deseo de formar parte de ciertas tribus o tendencias puede barrer su propia individualidad y, en consecuencia, crearles ansiedad.

Es más, la adolescencia es una etapa de transformación continua y eso hace que afloren muchas inseguridades, porque, de repente, todo está cambiando a un ritmo vertiginoso. A ello se suman sus preocupaciones sobre su aspecto físico, su entorno social, su progresión académica, sus planes de futuro... Esta vorágine adolescente es terreno fértil para que se desaten miedos y ansiedades. Solo hay que recordar cuando, al terminar las restricciones de la pandemia del covid, muchos adolescentes eran reacios a quitarse la mascarilla y sufrían un gran nerviosismo al tener que exponer su rostro al completo. ¡Acababa de nacer una nueva preocupación! No son episodios graves, pero sirven para ilustrar cómo algo cotidiano puede dar pie a una ansiedad.

A veces hay circunstancias inevitables que pueden causar una gran ansiedad durante el desarrollo, como sucede con la homosexualidad. El descubrimiento de la orientación sexual de cada uno suele emerger con claridad alrededor de la pubertad, aunque sobre esto hay una gran variabilidad. Lo que estos adolescentes tienen en común es la convicción de que sus intereses románticos y aquello que encuentran sexualmente estimulante se salen de la norma habitual, y gestionar eso cuando todavía no está consolidada su propia identidad supone, en sí, un desafío considerable. A todo ello se le suma la idea de tener que declararlo, dentro y fuera de la familia, con todas las repercusiones que puede conllevar para ellos. A pesar de lo mucho que ha evolucionado la sociedad, la homosexualidad se sigue considerando una característica que aumenta la posibilidad de trastornos de salud mental en la etapa adolescente. Es un momento difícil.

Caso práctico: Hugo
Cuando aceptarse a sí mismo no es tan fácil

Hugo, de veintidós años, acudió a mi consulta porque, desde hacía un tiempo, estaba sufriendo ataques de ansiedad y estos habían ido en aumento, tanto en intensidad como en duración. Cuando tenía un episodio ansioso, sufría un intenso dolor en el pecho que poco a poco se extendía por el resto del cuerpo. En varias ocasiones había ido a urgencias pensando que estaba teniendo un ataque al corazón. Después de cada episodio, que podía durar más de un día, se sentía agotado, además de impotente y deprimido.

Hugo trabajaba en un laboratorio de investigación, una tarea minuciosa que requería un gran poder de concentración. Según él, eso le servía de distracción si, por ejemplo, notaba una leve taquicardia que podía ir en aumento y a veces, desviando la atención hacia la tarea que tenía por delante, conseguía evitarlo. Pero ese modo de intentar gestionarlo era problemático durante sus días libres, ya que le resultaba difícil encontrar una actividad de ocio que cumpliera esos requisitos. La idea de que cualquier cosa podía actuar como un detonante le creaba estrés, con lo cual le resultaba muy difícil relajarse, ya que sabía que, si sufría de un ataque de ansiedad y caía en ese bucle, ese estado de ánimo podía acabar dominando todo el fin de semana.

Según su relato, Hugo había sido ansioso desde niño. Procedía de una familia convencional; su madre era abogada, y su padre, director de escuela. Hugo era el menor de tres hermanos y, desde un principio, se había sentido diferente a ellos, aunque no sabía explicar de qué manera. Había sido un estudiante brillante y a los nueve años su padre le enseñó a jugar al ajedrez. A las pocas semanas ya había logrado ser el campeón escolar y, a partir de ahí, había empezado a participar en torneos nacionales e internacionales, siempre acompañado por su padre, con el que compartía esos momentos. Entre ellos se había establecido un vínculo especial. Con la llegada de la pubertad, Hugo empezó a pensar que tal vez era bisexual, pero, como muchas veces ocurre, llegada la adolescencia se dio cuenta de que era gay.

Hugo recordaba que, antes de cada partida, sentía una ligera ansiedad, pero esta le servía para agudizar su concentración e intensificar su agresividad en el tablero. Había tenido su primer episodio de ansiedad a los doce años, cuando volvían a casa después de un torneo. Recordaba haber experimentado una especie de bajón anímico y, cuando llegaron a casa, se sentía enfermo y con ganas de vomitar. Lo achacaron al trayecto en coche y a la fatiga, pero esa sensación empezó a ocurrir con regularidad, sin un motivo aparente.

Una vez que establecieron que los síntomas físicos eran debidos a un trastorno de ansiedad, sus padres pensaron que la presión innecesaria de los torneos de ajedrez iba a empeorar su estado y, poco a poco, lo animaron a que abandonara lo que había sido su pasión durante unos años. Cuando valoraba esa decisión desde su perspectiva actual, consideraba que había sido un error, pero sentía que ya era tarde. Durante la terapia, Hugo rememoró muchos de esos momentos y le costaba pensar que ese niño triunfante y competitivo había sido él.

En nuestro trabajo juntos pudimos recorrer su trayectoria y todos los momentos que él consideraba decisivos. Se sorprendió al darse cuenta de que el proceso de aceptar su homosexualidad había influido tanto en su desarrollo psicosocial. Recordaba la primera vez que se lo había explicado a otra persona, siempre declarándose bisexual, para, de algún modo, atenuar el golpe. El miedo a salir del armario y decepcionar a sus padres lo había martirizado. En nuestras conversaciones, recordó que durante esa época tuvo un cambio radical de conducta hacia otra más desafiante, empezó a salir y a fumar, casi buscando un inevitable enfrentamiento con sus padres que lo obligara a buscar otro lugar donde vivir, para así evitar tener que declarar su orientación sexual.

La primera crisis de ansiedad de Hugo fue causada por un acontecimiento relativamente cotidiano en una familia: su padre tuvo que someterse a una operación quirúrgica y eso hizo que Hugo también necesitara asistencia médica debido a sus síntomas físicos. Sentía que, al haber abandonado el ajedrez, ya había desilusionado a su padre y le parecía que dar a conocer su homosexualidad iba a ser otro golpe difícil de encajar. Se sentía enfadado con su padre, porque se había convencido de que lo había decepcionado y verlo en una situación vulnerable aumentó su paranoia y, con ello, su ansiedad. Había entrado en un bucle destructivo en el que temía por la salud de su padre, pero, en su inconsciente, había aparecido un sentimiento más destructivo: si su padre no sobrevivía a la operación, se resolvería su dilema. Naturalmente, pensar que la muerte de su padre era preferible a causarle una decepción le generaba un terrible sentimiento de culpa, y eso hacía empeorar su ansiedad.

Hay que aclarar que, externamente, Hugo se sentía muy apegado a su padre, que, en su entorno, era una persona con una cierta autoridad. Sentía amor y admiración hacia él, pero tras llegar a la edad adulta, compararse con él y no verse a su altura le generaba una rivalidad y un odio que permanecían en su inconsciente, es decir, él no sabía que su mente albergara esos sentimientos. Vivir a la sombra de un padre creyendo que nunca vas a superar sus logros es una sensación que pone a prueba a muchos jóvenes.

La terapia se centró en ir identificando el origen de sus miedos y eso lo ayudó a afrontarlos de otra manera, con lo que su ansiedad disminuyó. Continuaba estando alerta ante los posibles detonantes, pero dejó de rehuirlos y, cuando era necesario, buscaba puntos de apoyo.

Nunca ocurre una cura milagrosa, ya que esa característica forma parte de su personalidad, pero su calidad de vida mejoró enormemente. Según su descripción, «fue como pasar de vivir en blanco y negro a todo color».

Este caso de un joven adulto nos sirve para ilustrar cómo, a esas edades, a veces se encadenan pensamientos de una forma que puede hacer que las emociones inconscientes, los miedos, y con ellos las ansiedades, crezcan desmesuradamente. El ímpetu adolescente, su afán de reafirmarse y su incapacidad de percibir los matices pueden crear una vorágine difícil de resolver. Es muy natural que la rivalidad hacia los progenitores genere sentimientos que pueden provocar un conflicto y por eso permanecen inconscientes, pero siguen existiendo y manifestándose en forma de síntomas, como ocurre frecuentemente con la ansiedad. Como ya hemos visto, el autoconocimiento que surge de la psicoterapia es una de las herramientas más valiosas para el individuo.

Ansiedad y autismo

La gestión de la ansiedad es uno de los mayores desafíos para una persona neurodivergente. Una adolescente autista me pedía que sacara el reloj del consultorio porque el tictac (apenas audible) no la dejaba pensar. En otra ocasión, me describió lo que le ocurría cuando se encontraba en situaciones en las que necesitaba procesar diferentes estímulos al mismo tiempo. En su mente se creaba un atasco parecido a un cuello de botella: se amontonaban todos los estímulos sin orden ni concierto y le resultaba difícil saber cuál había que priorizar. Eso hacía que su ansiedad fuera en aumento y que, con frecuencia, tuviera que alejarse de la situación y encontrar un lugar en el que se pudiera abstraer y recobrar su equilibrio interior. Como era de esperar, antes de recibir su diagnóstico de trastorno del espectro autista (TEA), ese modo de actuar le había causado problemas durante su escolarización.

Cuando trabajo con un adolescente autista, conversamos sobre esas situaciones cotidianas que pueden requerir un esfuerzo adicional. Un ejemplo son los lugares ruidosos o con mucha gente, como el comedor del colegio o ir de compras a un supermercado. Una vez ahí, de acuerdo con su perfil sensorial, identificamos los posibles detonantes e ideamos planes de acción para mantener la ansiedad a un nivel aceptable en el que la persona pueda funcionar. Tener un esquema mental sobre cómo pueden actuar suele resultarles de gran ayuda, tal y como nos pasa a muchos de nosotros cuando nos enfrentamos a una situación en la que nos podemos sentir sobrepasados y, para tranquilizarnos, hacemos una nota mental: «Primero voy allí, hago esto y, si no está, voy al otro sitio».

En ocasiones, cuando un niño o un adolescente sufre de una ansiedad desmesurada ante situaciones relativamente cotidianas, se tienen que contemplar todas las posibles causas. Hemos mencionado que, si ha sufrido experiencias adversas, puede padecer TEPT, y también se tiene que investigar si se trata de un trastorno de neurodesarrollo, es decir, autismo, TDA o cualquier otra presentación compleja. Naturalmente, estos cuadros clínicos van acompañados de otros síntomas y afortunadamente hoy en día hay más conocimientos y una detección más rápida sobre este tipo de trastornos, pero en todos mis años trabajando en salud mental infantojuvenil he conocido muchos casos de niños y jóvenes que sufrían una ansiedad desmesurada y que, además, eran algo peculiares o tenían ciertas idiosincrasias, que no encajaban con el grupo de su clase o que no sabían leer las sutilezas de la comunicación no verbal.

Independientemente de la edad, recibir un diagnóstico puede suponer un gran alivio, porque ayuda a los pacientes a aceptar que sus dificultades no están causadas por su ineptitud o porque ellos estén haciendo algo mal, sino sencillamente porque su perfil neurológico les hace procesar la realidad de otro modo.

Es absolutamente esencial apoyarlos durante este proceso y realizar las adaptaciones necesarias en su entorno para que puedan desarrollarse sin tropiezos.

¿Cómo se puede ayudar a un niño o un adolescente que sufre de ansiedad?

- Cuando el niño o el adolescente está en plena crisis de ansiedad, por ejemplo, porque tiene un examen, no es el mejor momento para intentar hablar sobre qué es lo que le preocupa. Es mejor tener esa conversación previamente, cuando está calmado y relajado, y entonces acordar qué tipo de cosas pueden ayudarlo a calmarse, identificar cuál es su «lugar seguro» y practicar con él cómo puede invocarlo en un momento de necesidad. Eso también es un reconocimiento de su dificultad y saber que otras personas están allí para ayudarlo ya resulta reconfortante.
- Siempre y cuando exista la certeza de que está sufriendo de ansiedad (es decir, que no se sienta mal por otras causas), la tarea más importante del adulto es mantenerse en calma y no asustarse por los síntomas que esté teniendo. Pueden ser dolores fuertes, vómitos o muchas otras cosas. Hay que acompañarlo, hablándole con calma para no acrecentar su agitación. A veces, solo escucharlo con serenidad puede ayudarlo a contener su estado y disminuir su nerviosismo. Es muy importante no

apresurarlo, tal vez solo necesite un minuto más para recomponerse y dar el siguiente paso.

- Resulta útil desarrollar técnicas y buscar actividades que lo ayuden y le sirvan de muleta o de distracción en los momentos difíciles. Es importante escuchar lo que él cree que lo puede ayudar, aunque parezca disparatado. El plan se debe mantener dentro de unos límites razonables y que estén al alcance del adulto; no tiene sentido prometer algo que no se podrá cumplir.
- Una vez que se haya calmado, es bueno hablar con él para ayudarlo a romper el bucle en el que cae. Este es el momento de tener una conversación al respecto, para averiguar cuáles son sus miedos, cuestionar cada una de sus creencias y resolverlas poco a poco. Contrastar su experiencia con la realidad (que le demuestra lo contrario a aquello que teme) lo ayudará a vencerlo. Por ejemplo, un niño puede sufrir ansiedad cuando su madre se va de viaje. En esos momentos, se le pueden recordar todos los viajes anteriores que ha hecho mamá y de los que ha vuelto sana y salva. Hay muchos padres que prefieren irse de viaje y no mencionarlo «para ver si no se acuerda» o «para que no se disguste», pero esto suele dejar al niño desprotegido ante sus miedos y, además, hace que se disguste todavía más, porque se siente engañado y pierde la confianza en lo que le dicen los adultos. Es útil hablar sobre ello con antelación y, si es necesario, trazar un plan para que se sienta más seguro.

- Hay que **normalizar los miedos, no estigmatizarlos ni agrandarlos.** Hay que explicarle que **la ansiedad es una emoción natural y legítima;** todos sentimos miedo o nerviosismo ante ciertas situaciones y hay que buscar modos de gestionarlos. **Es importante evitar sobreidentificarse** con él, es decir, no empatizar hasta el punto de que la ansiedad parezca justificada y pueda contagiar a los adultos. Un ejemplo muy cotidiano es el primer día en la escuela, algo que puede crear ansiedad en los niños. Al tener que dar ese paso, tal vez lloren o se aferren a sus padres con desesperación. Si los padres se identifican con el niño y se preocupan genuinamente por lo que le puede ocurrir, por si va a estar bien atendido, e insisten en cerciorarse con el centro sobre cómo va a ir todo, están confirmando ante el niño que la escuela es un lugar temible. Si, por el contrario, se mantienen serenos, le hablan con calma y le dicen que ya saben que está nervioso, pero que, una vez dentro, encontrará cosas interesantes que les puede explicar cuando vuelva a casa, el pequeño se sentirá más reconfortado.
- Como en tantas otras cosas, hay que predicar con el ejemplo: no transmitirle los miedos y explicarle que las ansiedades y los miedos son personales y de cada uno, no son normas de conducta para los demás. Por ejemplo, un progenitor puede decir: «Yo tengo miedo a los perros y, aunque sé que son inofensivos, no consigo vencer mi miedo». De ese modo, el niño no tiene por qué ver al perro como un animal temible.
- Si, a pesar de hacer todo eso, la ansiedad no dismi-

nuye o va en aumento, es recomendable buscar ayuda profesional. En el marco confidencial de una terapia se pueden explorar con mayor libertad las posibles causas de su ansiedad y qué emociones hay enterradas en su interior.

- En algunos casos, cuando la ansiedad le impide llevar a cabo tareas cotidianas, puede ser recomendable el uso de medicación. Por ejemplo, si un adolescente no sale de casa, o no es capaz de acudir a clase o a una sesión de terapia debido a su ansiedad, quizá un ansiolítico lo ayude a reducir los síntomas y eso facilitará su reincorporación a la vida normal. Desde el punto de vista terapéutico, la disminución parcial de sus síntomas nos permite establecer una relación con él y, de ese modo, comenzar un tratamiento que lo ayude. A medida que se afianza la relación terapéutica, los síntomas suelen ir mejorando y, en ese proceso, se analiza cuál es el mejor momento para reducir la medicación o eliminarla por completo. Por regla general, **tomar medicación no se debe considerar como una solución a largo plazo, mucho menos en los jóvenes,** y nunca debería ser la primera opción ni sustituir un tratamiento terapéutico. El propósito es que sea utilizada como una medida temporal hasta que el paciente se estabilice y, haciendo uso de una terapia, desarrolle nuevos recursos para gestionar sus emociones.

7

Estados depresivos, ¿cómo se manifiestan?

El 10 de octubre de 2022, Unicef publicó los resultados de una encuesta realizada con la Universidad de Santiago (Galicia) a 40.000 adolescentes, destinada a evaluar la salud mental de los jóvenes españoles. Los datos recogidos resultaron alarmantes: un 15 por ciento muestra síntomas de depresión «graves o moderadamente graves» y un 10,8 por ciento declaró tener o haber tenido ideación suicida.[1]

Estas cifras pusieron de manifiesto la necesidad de dotar con más recursos a los servicios de salud mental infantojuveniles existentes, que eran claramente insuficientes, tal y como se vio durante la pandemia del covid. Durante esa época, gestionar la vida familiar en un espacio confina-

1. EFE, «Unicef alerta de que el 15 % de los adolescentes muestra síntomas de depresión», *rtve.es*, 10 de octubre de 2022. Disponible en <https://www.rtve.es/noticias/20221010/unicef-alerta-adolescentes-muestran-sintomas-depresion/2405590.shtml>.

do puso al límite a todos sus miembros y eso impactó la salud mental en todas las edades.

La depresión es la otra gran pandemia de nuestros tiempos. Según el informe de Fundamed de 2021,[2] «casi tres millones de personas tienen un diagnóstico de depresión en España, lo que la convierte en la enfermedad mental más prevalente en nuestro país». Datos obtenidos por la OMS sitúan a España como el cuarto país de Europa con más casos de depresión, solo superado por Alemania, Italia y Francia.[3]

El tratamiento de la depresión en España se enfrenta a los mismos desafíos que el tratamiento de la ansiedad, en cuanto a la escasez de recursos en la sanidad pública y la falta de personal especializado, lo cual lleva inevitablemente a procesos de evaluación y diagnóstico en atención primaria que pueden ser poco fiables. **En ocasiones, la depresión también tiene un origen orgánico,** por lo que el diagnóstico debe establecerse una vez que se hayan descartado las posibles causas físicas.

2. Iria Miguens Blanco, Coral Suero Méndez, Mercedes Navío, Vicente Gasul, Alberto Pardo Hernández, Eloina Núñez, *et al.*, «Depresión y suicidio en Urgencias y Emergencias hospitalarias. Un análisis multidisciplinar para optimizar el abordaje de estos pacientes sin descuidar la salud mental de los profesionales», *Fundamed*, junio de 2021. Disponible en <https://www.fundacionfundamed.org/GT-Informe-Depresion-suicidio-urgencias-2021.aspx>.

3. «España, cuarto país de Europa con más casos de depresión», *Médicos y pacientes*, 3 de octubre de 2018. Disponible en <https://www.medicosypacientes.com/articulo/espana-cuarto-pais-de-europa-con-mas-casos-de-depresion>.

En ocasiones, la depresión acompaña a una persona durante muchos años de su vida antes de ser diagnosticada y esto puede afectar muchos aspectos de su día a día, hasta el punto de que algunos de los síntomas pueden interpretarse como caracterológicos o propios del individuo y no un producto de su salud mental, con lo que se crea un nudo difícil de desentrañar. Tal vez estas personas jamás se hayan cuestionado esta posibilidad ni hayan buscado ayuda, más aún si han crecido en entornos poco propicios hacia la introspección, como, por ejemplo, si son hombres y viven en un entorno rural.

La mayoría de las personas depresivas sufren varios episodios de duración variable a lo largo de su vida, aunque es posible que estos no sean identificados como tales, sino que se achaquen a vicisitudes de la vida o aparezcan como una dolencia física.

Sobre este punto, es importante señalar que la predisposición a la depresión, como ocurre con otros rasgos de la personalidad, puede ser hereditaria, y sabemos que una gran mayoría de los adolescentes depresivos tienen antecedentes familiares. A esto hay que añadir que **la gestión de las emociones se aprende en la familia** y, por lo tanto, la depresión —diagnosticada o no— de los adultos con frecuencia influirá en los recursos emocionales que desarrollarán sus hijos.

El cuadro depresivo

Los síntomas de la depresión son múltiples y variados:

- Tristeza (que puede incluir ansiedad, inquietud, autorreproches o sentimientos de culpa no justificados).
- Problemas de concentración y de memoria.
- Sentimientos de frustración e irritabilidad sin motivo aparente.
- Apatía (no querer levantarse de la cama ni participar en lo que la vida les ofrece, incapacidad para disfrutar de actividades o aficiones).
- Malestar general (cansancio e incluso dolores físicos).
- Desesperanza (en algunos casos, puede incluso haber pensamientos recurrentes sobre la muerte e ideaciones suicidas).

Esto lleva a las personas que la padecen a evitar las relaciones sociales, a conductas que se dan en exceso o no lo suficiente (insomnio o excesiva somnolencia, pérdida de apetito o comer demasiado), a una resistencia a tomar decisiones o una huida hacia el alcohol o las drogas.

Es fácil comprender que una persona que sufra cualquier combinación de estos síntomas se sienta incapaz de afrontar los desafíos de la vida cotidiana, porque puede sentirse desbordada por cualquier cosa.

En capítulos anteriores hemos establecido que, con frecuencia, se confunde el bienestar emocional con la salud mental: **hay una gran diferencia entre sentirse triste y sufrir una depresión.** El ejemplo más claro lo podemos encontrar en situaciones como la muerte de un ser querido o una ruptura de pareja. En ambos casos, estar triste es una emoción legítima y sana, algo que es congruente con lo que acaba de ocurrir. Tal vez sea necesario llorar y pasar un tiempo alejado de las actividades habituales hasta que la persona se acostumbre a una nueva realidad. Ahora bien, si pasado el tiempo los efectos de ese acontecimiento, esa muerte o esa ruptura siguen presentes y la persona ha dejado de ser quien era, de sentir placer haciendo lo que hacía antes y su vida no ha podido retomar su curso porque que le falta algo, eso puede indicar que ha caído en una depresión.

La depresión en el niño y el adolescente

La depresión también puede afectar a los niños, algo que sorprende a muchos padres. Según datos de la OMS, aproximadamente el 2 por ciento de los niños de seis a doce años sufre de depresión y, como ya hemos visto, este porcentaje aumenta a medida que se aproximan a la adolescencia. Los signos pueden confundirse fácilmente con otras conductas propias de la infancia, por lo cual, a la hora de hacer un diagnóstico, siempre se debe tener en cuenta el contexto en el que empiezan a aflorar los síntomas. El niño puede, además de estar triste, mostrar otras conductas poco habituales. Tal vez no quiera ir a la escuela o simplemente el separarse de sus padres le cause un gran llanto. Quizá se muestre indiferente a lo que ocurre a su alrededor, como ensimismado, y parezca que le da todo igual. Tal vez se haya aislado socialmente y no tenga interés en pasar tiempo con sus amigos. Puede estar preocupado, irritable, tener problemas para conciliar el sueño o sentir un dolor repentino de origen desconocido. Cualquier cambio de conducta que implique un deseo insistente de estar solo y poca comunicación con las personas de confianza suele ser un síntoma de alarma que se tiene que investigar.

Caso práctico: Max
Cuando fallan los padres

Max, de nueve años, fue derivado a los servicios de salud mental infantojuvenil porque su rendimiento escolar había bajado, había abandonado sus actividades extraescolares alegando que se aburría, tenía el sueño alterado por pesadillas recurrentes y lloraba con frecuencia ante cualquier contratiempo.

La familia de Max había pasado por tiempos difíciles. Su padre había salido de la cárcel unos meses atrás, condenado por un delito de fraude. Ese acontecimiento había precipitado la separación del matrimonio y, por lo tanto, Max y sus dos hermanas mayores continuaron viviendo con su madre. Tras el encarcelamiento del padre, el desahogado nivel de vida al que la familia estaba habituada bajó drásticamente. La madre se vio obligada a buscar trabajo y hablaba con cierto resentimiento sobre la situación en la que se encontraban; ella se reincorporó al mundo laboral empezando desde abajo, en una empresa de alimentación, y las cosas no habían sido fáciles. Desde hacía un tiempo, sufría de ansiedad y tomaba antidepresivos. A pesar de todo ello, afirmaba que su exmarido era un buen padre y no tenía objeciones acerca del contacto que mantenía con sus hijos.

El padre de Max recibió apoyo psicológico en la cárcel y era un hombre rehabilitado, lo cual, debo admitir, fue una grata sorpresa para nuestro equipo. Acudió con su exmujer y con Max a la consulta y me explicó que, antes de su arresto, llevaba mucho tiempo trabajando demasiadas horas, solo veía a sus hijos los fines de semana y reconocía que, en esos ratos en familia, tenía tendencia a beber en exceso para desconectar del estrés laboral. Consideraba que su estancia en la cárcel le había dado mucho tiempo para pensar y eso le había brindado la oportunidad de evaluar su propia vida, su relación con su familia y cómo quería vivir a partir de ese momento. Este cambio había sido muy bien recibido por sus hijos, que habían retomado la relación con él y agradecían que estuviera más presente en sus vidas.

Después de conversar con la familia, decidí hablar a solas con Max. El niño pareció aliviado, lo que interpreté como una señal de que, en presencia de sus padres, no hubiera podido hablar con franqueza. Me explicó que el encarcelamiento de su padre había cambiado muchas cosas para ellos, pero lo más radical había sido el comportamiento de su madre, que hasta ese momento se había dedicado a cuidar de la familia. Max describió una situación doméstica radicalmente opuesta a la que estaban habituados: él se había acostumbrado a volver solo del colegio, entrar con su llave y pasar la tarde solo en casa. Su madre terminaba tarde en el trabajo y la cena corría a cargo de una de sus hermanas o bien él mismo buscaba alguna cosa en la nevera o comía cereales. Max había madurado a marchas forzadas durante este período, veía que su madre volvía cansada, se sentaba en el sofá, le preguntaba si todo había ido bien durante el día, pero él notaba que ella lo escuchaba distraída y no parecía esperar una verdadera respuesta. Luego llamaba a una amiga por teléfono y, mientras charlaba, empezaba a beber. Y así todas las noches.

Max se iba intranquilo a la cama. Durante aquellas conversaciones telefónicas, a veces la oía reírse a carcajadas, pero otras veces su madre lloraba amargamente. En alguna ocasión Max había salido de la cama para darle un abrazo, pero ella se recomponía momentáneamente y le aseguraba que todo estaba bien y que solo estaba un poco cansada.

Con ese cuadro familiar, Max se había quedado funcionalmente huérfano. Había pasado dos años con un padre ausente y una madre en crisis. No solo no podían atender sus necesidades, sino que además se preocupaba mucho por ellos. Max solía refugiarse en su hermana mayor, pero ella también estudiaba, trabajaba, tenía su propia vida y no siempre estaba disponible. Sus hermanas se llevaban poca edad entre sí y se apoyaban la una en la otra. Max pensaba que no le contaban la verdad sobre lo que estaba ocurriendo y se sentía solo con sus preocupaciones. Recientemente, había pedido a su padre si podía irse a vivir con él, pero eso no era posible, ya que, aunque su padre estaba intentando reencauzar su vida, su situación era todavía muy precaria.

Afortunadamente, su cuadro clínico dio una gran sacudida a la familia, los obligó a analizar la situación y consiguió dar resultados más prometedores. Además de sesiones individuales para el niño, la familia empezó sesiones de terapia familiar, durante las cuales se acordó que la madre acudiría a un centro de rehabilitación para el alcoholismo. El hecho de que no hubiera acritud entre los progenitores y de que el padre ya hubiera pasado por ese mismo proceso de desintoxicación les sirvió para aunar fuerzas y cuidarse unos a otros. Al cabo de unas semanas, el padre consiguió alquilar un piso y eso hizo posible que Max pasara allí parte de la semana y así pudiera recuperar un vínculo y una fuente de apoyo importante.

Los hijos son muy leales hacia los padres, principalmente porque los necesitan. Pero también porque estar presente en la mente de los padres, saber que su propio bienestar es importante para sus progenitores, promueve la autoprotección en el niño o el adolescente.

Por ejemplo, si hay ideación suicida, una de las preguntas que les hacemos es: «¿Por qué no lo has llevado a cabo? ¿Qué es lo que te frena?», y muchos de ellos responden: «Mis padres se quedarían destrozados, no puedo hacerles eso».

En cuanto a los adolescentes, aunque superen en altura a sus progenitores, debemos recordar que no son *miniadultos*. Están viviendo una etapa de intensa transformación y eso conlleva serios cambios físicos, emocionales y psicológicos. Los cambios de humor intensos y las actitudes polarizadas son característicos de este periodo, sobre todo porque una de las tareas principales es construir su propia identidad y eso significa experimentación, pero también inseguridad e incertidumbre, lo que la convierte en una etapa especialmente vulnerable a trastornos de salud mental.

Las características de la depresión en el adulto pueden manifestarse de formas muy distintas una vez pasadas por el «filtro» de la mente adolescente. La más frecuente es la tristeza y el aislamiento con respecto a su entorno social o a su familia. Pasar largos ratos en su habitación saliendo solo para lo esencial o sin comunicarse con amigos en persona (aunque tal vez tengan un círculo social *online*) suele ser un signo de alarma. En esos casos, no hay que olvidar que los círculos sociales *online* pueden haberse formado alrededor de una actividad concreta o incluso de una patología, como suele ocurrir con las autolesiones o los trastornos de la conducta alimentaria. Esos grupos suelen ser un arma de doble filo: por un lado, los adolescentes tienen la posibilidad de compartir sus inquietudes y sentirse apoyados por personas con las que tienen algo en común, pero, por otro lado, ser miembro de ese «club» puede contribuir a consolidar una conducta que, en otras circunstancias, tal vez hubiera sido una etapa transitoria. Por el contrario, tener una vida social en un grupo más heterogéneo de carne y hueso (es decir, no virtual) los obliga a tener que procesar una mayor variedad de actitudes y puntos de vista y esto, aunque sea más trabajoso para ellos y les exija más a nivel emocional, les brinda opciones de conducta más diversas.

Otra característica de la depresión en el adolescente es la incapacidad para llevar a cabo sus tareas habituales: hay una falta de motivación persistente y eso puede crearles una crisis de identidad o una sensación de que están perdiendo el rumbo, de que se encuentran a la deriva. Hay que recordar que la incertidumbre sobre su futuro es intrínseca durante esta etapa y lo normal es que sepan aceptar que no tener las cosas claras es algo natural sin que les comporte una crisis existencial. Es frecuente que baje su rendimiento escolar y se sientan inútiles. Esto suele ir acompañado de una visión negativa de la realidad, estar continuamente de bajón sin saber por qué y una sensación de fatiga que los obliga a dormir más de lo necesario. Dormir en exceso es un escape de una realidad de la que desean huir, pero no saben cómo.

En general, la depresión adolescente consiste en una sensación de desconexión con las representaciones internas de sus progenitores, esas que los sostienen en los momentos difíciles. En la adolescencia se da un distanciamiento o incluso un abandono de las relaciones más cercanas del pasado y este hecho inevitable se acrecienta con la transición que ocurre al finalizar cada etapa del desarrollo, en la que hay una *despedida* interior de la infancia acompañada de una inevitable sensación de pérdida, necesaria para ir progresando por la vida. Es decir, el crecimiento normal conlleva dejar atrás etapas que tal vez se habían idealizado como lugares seguros. El distanciamiento emocional de sus padres es esencial en la adolescencia, pero también les puede dar un poco de vértigo o causar ansiedad, y esa sensación de no estar a la altura de lo que se avecina puede contribuir al bajón general.

Al adolescente depresivo le cuesta gestionar cualquier conflicto emocional, se siente incomprendido, se muestra excesivamente sensible y tal vez tenga reacciones desproporcionadas hacia ciertas cosas que en otros momentos podría haber gestionado de una forma más equilibrada. Se enfurece rápidamente o se toma las cosas muy a pecho, dándose por aludido ante cualquier comentario —que quizá haya percibido como una crítica o un ataque personal hacia él—, y esa actitud puede causar tensión con los otros miembros de la familia. Surgen fricciones hacia personas con las que, hasta ese momento, se había llevado bien. Esa interpretación idiosincrática de los hechos puede hacer que se sienta rechazado por el grupo y eso alimentará su furia y su alejamiento de posibles fuentes de apoyo. Otra característica es la apatía o la lentitud general, que puede interpretarse como una inseguridad o un signo de ansiedad cuando se está enfrentando a sus actividades habituales: tal vez manifiesta su deseo de evitarlas, se encierra y no quiere hacer nada. Todas estas circunstancias hacen que el adolescente se vea cada vez más inmerso en los sentimientos depresivos y que le cueste imaginar cómo podría salir de ahí.

Los padres que estén leyendo esto pensarán: «¡Eso es exactamente lo que ocurre en la adolescencia, vagancia y cambios de humor continuos!», y es precisamente por ese motivo por el que es necesario valorar su comportamiento de forma global, no solo cuando aparece una conducta que podría interpretarse como un síntoma. Hay que valorar qué otras cosas han cambiado en su funcionamiento general y también el contexto en el que está ocurriendo.

En la adolescencia, estar de mal humor no significa tener depresión, pero si ese cambio de actitud va acompañado de aislamiento social, poco interés por las cosas habituales, hermetismo, trastornos de sueño o de apetito y una incapacidad para disfrutar de la vida, sí es posible que el adolescente necesite ayuda profesional.

Por último, ese desapego hacia las cosas quizá los impulse a adoptar conductas que, aunque les ofrecen un alivio temporal, pueden crear otros hábitos poco sanos, como ocurre con las autolesiones. Del mismo modo, el deseo de huir de la realidad los hace más propensos a consumir sustancias tóxicas como alcohol o drogas y también a adoptar conductas de riesgo. Las actividades extremas o aquellas que conllevan un riesgo a veces sirven para sacarlos de su letargo depresivo, pero el elemento de riesgo inherente puede reflejar un instinto autodestructivo que, en algunos casos, puede incluso ocultar tendencias suicidas.

El resultado final de la depresión en el adolescente siempre es el mismo: su incapacidad para disfrutar de la vida, de aprovechar todo aquello que le ofrece y, en consecuencia, de seguir su trayectoria hacia delante. Como en muchos otros tipos de trastornos de salud mental, hay factores externos adicionales que favorecen la aparición de síntomas depresivos, entre los que se encuentran ser mujer, pertenecer a una minoría étnica, ser homosexual, tener antecedentes familiares de depresión o haber sufrido pérdidas importantes, maltratos o abusos. Cualquier acontecimiento que haya obstaculizado un desarrollo sano o que haya dejado una huella indeleble y dolorosa y que haya quedado sin resolver puede suponer una depresión el día de mañana. No hay que olvidar que **el 50 por ciento de todos los trastornos de salud mental en la edad adulta empiezan alrededor de los catorce años.**

Caso práctico: Eva
Cuando se pierde un referente

Eva, de diecisiete años, acudió a mi consulta por insistencia de sus amigas (en Reino Unido, a partir de los dieciséis años, los adolescentes pueden acceder a servicios de salud mental sin el acompañamiento de sus padres. En la mayor parte de los casos, a medida que el trabajo terapéutico progresa, intentamos que estos acaben uniéndose al proceso, si es conveniente). Eva había roto con su novio hacía unos meses y, a pesar de que la decisión había sido suya, sentía que su vida no había vuelto al estado anterior a la ruptura. Se le habían quitado las ganas de salir y había perdido interés por los estudios. Dormía mal y notaba que la mayoría del tiempo estaba de mal humor sin saber muy bien por qué. Discutía mucho con su madre y eso la hacía sentir muy culpable, ya que veía que esta hacía lo posible por apoyarla. Lo único que la seguía motivando era su trabajo en una perrera, a donde iba a ayudar voluntariamente varias veces por semana. Rodearse de animales le daba un respiro, se sentía acompañada, pero no tenía el deber de hablar con nadie, lo cual le suponía un gran alivio.

Eva procedía de una familia acomodada, vivía con sus padres y era la mediana de tres hermanas. Su hermana mayor había padecido una enfermedad en la infancia de la que aún acarreaba secuelas, por lo que necesitaba supervisión médica regularmente. Eva sentía que la salud de su hermana había hecho que sus padres vivieran en un estado de ansiedad constante. Un estrés adicional era el hecho de que su padre viajara frecuentemente por motivos de trabajo y eso hizo que la familia empleara a una mujer madura para que ayudara a la madre con el hogar y con el cuidado de las niñas.

Eva recordaba a María con un gran cariño, había sido una presencia constante durante su infancia y había sido su confidente y su refugio durante muchos años hasta que, finalmente, cuando ella tenía catorce años, los padres decidieron que ya no necesitaban sus servicios después de más de una década viviendo con la familia. Las niñas ya se habían hecho mayores y las nuevas condiciones de trabajo del padre indicaban que ya no necesitaba viajar. Esa despedida supuso un fuerte golpe para Eva, que sintió que había perdido su principal fuente de apoyo. De hecho, lloró mientras me lo explicaba y, aunque le aseguraron que no perderían el contacto con María y la verían con regularidad, no había sido así. Eva recordaba las visitas posteriores a su pequeño piso, esporádicas y, de algún modo, incómodas para todos. Ella sentía que se había cometido una injusticia, que María no había tenido hijos porque las había cuidado a ellas y estaba convencida de que estaba triste porque sentía que la habían desechado. De hecho, María había sido como una abuela sin serlo. La madre mantenía la autoridad parental en el hogar, pero ella se ocupaba de las minucias de lo cotidiano, de hacer que todo transcurriera de la mejor manera posible para las niñas.

Eva identificaba la partida de aquella mujer como un hito en su estado de ánimo. Lo veía como un punto de inflexión y sentía que la tristeza que la había invadido entonces no había desaparecido del todo. Era evidente que su partida había coincidido con un periodo sensible para Eva, entrando en la adolescencia, cuando se tiene un profundo sentido de la justicia y un idealismo más exaltado, que hace que todo se viva con mayor intensidad. No había querido contarle a su madre lo mucho que echaba de menos a María para no herir sus sentimientos, pero los continuos conflictos entre ellas por cosas aparentemente sin importancia la delataban. También le fastidiaba que pensaran que el hecho de que su padre pasara más tiempo en casa pudiera compensar la pérdida de María. Su relación con él no era mala, aunque sí algo distante, y se sentía culpable al sentir que, si le hubieran dado a elegir entre María y su padre, María habría salido vencedora.

La madre de Eva se mostró muy sorprendida al saber hasta qué punto ese acontecimiento había afectado a Eva. Me dijo que su hija siempre había sido muy autosuficiente, cosa que le agradecía, porque ya habían tenido bastantes preocupaciones con su hija mayor, pero reconoció que tal vez ella, como madre, había descuidado las necesidades emocionales de Eva. Por una parte, se alegraba de que María hubiera rellenado ese hueco, pero eso no impedía que se sintiese culpable y mala madre. Confesó que, en ocasiones, había sentido rivalidad hacia María y su despedida le había provocado un cierto alivio. Por primera vez era consciente de cómo lo habían vivido sus hijas y entendía que la hostilidad entre madre e hija no se debía simplemente a una explosión adolescente, sino que había otros motivos de fondo. Los síntomas de depresión en los jóvenes pueden manifestarse de formas muy diversas, como antipatía, rebeldía y aislamiento de sus seres queridos.

Afortunadamente, la crisis de Eva dio pie a una necesaria conversación entre madre e hija que sacó a la luz los sentimientos y los conflictos de lealtades que tenían ambas. A pesar de sus esfuerzos por ser equitativa, la madre reconocía que su hija mayor había acaparado toda su atención. Apoyada por María, Eva había podido aceptar que eso fuera así, pero sentía que su partida la había dejado desprotegida y también que no había procesado su pérdida lo suficiente. Tras conversar con su madre, Eva empezó sesiones de terapia y las aguas fueron volviendo a su cauce.

Estas situaciones ocurren con frecuencia, pero, desafortunadamente, rara vez se les da la importancia que merecen.

Los niños suelen desarrollar un verdadero apego hacia las personas que los cuidan como lo harían sus padres y, si todo va bien, eso suele generar una emoción recíproca en el adulto que los está cuidando.

Los niños no entienden de contratos laborales ni de condiciones de trabajo, ellos sencillamente quieren a alguien que les dedique tiempo y atención y que se esmere en llegar a conocerlos y a satisfacer sus necesidades físicas y emocionales. Si sus padres, por diversos motivos, delegan ese rol en otra persona (con frecuencia una empleada doméstica) y se establece entre ellos un vínculo afectivo, han de ser conscientes de lo que supone para sus hijos la pérdida de esa figura. Para ellos es simplemente una empleada, pero para sus hijos esa misma persona puede ser una pieza clave en su bienestar. Eso no quiere decir que la tengan que emplear toda la vida, pero sí que esas situaciones se deben gestionar con sensibilidad, reconociendo el impacto que esa pérdida puede tener en el mundo interior del niño.

¿Cómo sabemos si un adolescente ha caído o puede estar encaminado hacia una depresión?

De entrada, hay que diferenciar la depresión de un cambio de humor propio de la adolescencia. Para ello, hay que recoger información no solo de lo que el adolescente nos cuenta sobre su estado de ánimo, sino de cómo se lo ve en su día a día. Es necesario observar si muestra algunas de las características mencionadas anteriormente y, principalmente, si ha habido un cambio de conducta notable, en sus hábitos o en su círculo social.

Si el bajón ha ocurrido tras alguna otra circunstancia adversa, es necesario investigar cuál fue el evento que ellos identifican como el desencadenante y determinar si sienten que están atrapados en un estado del que no pueden salir. Es importante identificar con claridad cuánto tiempo lleva el joven en ese estado. A veces, la percepción de los padres no coincide con la del adolescente. En ocasiones, los padres dicen que lleva ocurriendo «más o menos desde hace un mes», mientras que el adolescente dice «mucho más, desde el año pasado, pero tú no te diste cuenta». Tener un bajón que dura una semana no es tener una depresión, que es un estado crónico que implica cambios no solo de ánimo, sino de conducta y de perspectiva de la vida.

La relación con sus padres y con su entorno familiar es también un factor determinante. La distancia emocional que existe entre ellos puede haber cambiado desde que han entrado en la etapa adolescente, tanto para ellos como para los padres, quienes, de repente, pueden encontrarse desconcertados y sin herramientas para gestionar todos los cambios. Conviene averiguar qué tipo de figuras parentales ocupan su mundo interior. Es decir, ¿cómo percibe a sus padres el adolescente y hasta qué punto siente que puede acudir a ellos? Tal vez tema decepcionarlos si no está cumpliendo sus expectativas o se compara con sus hermanos de manera desfavorable. ¿Siente (como veremos en el caso de Manuel en el capítulo 8) que sus padres «pasan de él»? Todas estas preguntas nos ayudan a reconstruir su visión de las cosas y a identificar el origen de la depresión.

En este punto es importante identificar cuáles son los **factores protectores.** Esto hace referencia a todo aquello que contribuye a enriquecer la vida del adolescente, como, por ejemplo, tener un círculo social sólido, disfrutar de relaciones estrechas con familiares, tener a su disposición adultos en los que se pueda apoyar o tener un buen rendimiento escolar.

Del mismo modo, hay que identificar cuáles son sus

factores de riesgo, es decir, qué tipo de acontecimientos adversos pueden estar alterando su estado emocional, como el aislamiento social, el fracaso escolar o quizá perspectivas de futuro poco prometedoras, el consumo regular de sustancias tóxicas (alcohol, cannabis u otras drogas), la búsqueda de conductas arriesgadas (conducir bajo los efectos de sustancias, aficiones a deportes o retos que conllevan riesgo) o la excesiva dependencia de redes sociales. Asumiendo que el adolescente NO está siendo víctima de abusos, es interesante detectar qué circunstancias en su vida diaria pueden estar agravando su estado mental. Acontecimientos como una separación parental —que, por bien que se lleve, nunca deja inmunes a los otros miembros de la familia—, el duelo por una pérdida de un ser querido —sea por muerte o por ruptura—, sentir que no ha conseguido sus metas educativas, deportivas o de cualquier otra índole; todas estas **circunstancias, que por separado serían superables, pueden actuar como desencadenantes si se dan conjuntamente.**

Para un adolescente, cualquier situación adversa que él percibe como una injusticia puede dar pie a una depresión. Quizá su estado mental esté afectado por algún tipo de duelo o de resentimiento que alberguen desde la infancia, como, por ejemplo, sentir que algo les faltaba o que no fueron tratados adecuadamente (el caso de Eva). El malestar existencial, típicamente adolescente, puede buscar un recuerdo al que aferrarse y es posible que rebuscar en su pasado pueda justificar su turbulencia emocional. En esta etapa también es habitual tener opiniones enardecidas y vivir emociones intensamente frente a problemas relativamente cotidianos. Es importante recordar el continuo vaivén en el que se encuentran, ya que han dejado atrás la infancia, pero todavía retienen elementos de ella, sobre todo en el plano emocional. En ocasiones es necesario ayudarlos a diferenciar la realidad objetiva de su propia interpretación de los hechos.

La excesiva dependencia en la validación que reciben a través de las redes sociales puede afectar seriamente el estado de ánimo del adolescente, su percepción de sí mismo y la búsqueda de esa identidad que está intentando construir.

Su imagen de sí mismo con frecuencia está basada en los frágiles cimientos de su imagen pública/virtual y eso los coloca en una posición muy vulnerable, ya que están sometidos a juicios ajenos a sí mismos para sentir que su logro es meritorio o ha valido la pena. Hoy en día, muchas adolescentes se esmeran por colgar imágenes de sí mismas con las que buscan la aprobación en el mundo virtual, tanto si los conocen como si son extraños, y eso hace que utilicen indumentaria o poses que acaban siendo un reclamo sexual. Y eso, además de acarrear un riesgo real de que se explote su imagen, tiene serias consecuencias para su bienestar emocional. Para ambos sexos, intentar construir su autoestima basándose en el número de *likes* que reciben crea un estrés considerable y eso, en combinación con la excesiva dureza con la que ellos mismos se juzgan, puede crearles una presión insostenible. Este es un tema que trato con mayor profundidad en el capítulo 4 de mi libro sobre adolescencia, *Pero ¿qué te pasa?*

Cuando nos enfrentamos a un cuadro depresivo, hay que identificar qué tipo de defensas se han activado, a qué clase de conductas está recurriendo el adolescente para pasar el día a día. Si se lo cuestiona al respecto, es posible que niegue que le pasa algo o que rehúse tener una conversación al respecto. Tal vez eche la culpa a cualquier circunstancia externa ajena a él que esté ocurriendo en el mundo, como una guerra o el calentamiento global, y lo utilice para justificar su reclusión. Muchos adolescentes se unen a causas humanitarias o a movimientos que denuncian su insatisfacción hacia la sociedad, cuando en realidad les está sirviendo como válvula de escape de su propia frustración o de su sentimiento de fracaso. También es posible que se atrincheren en su habitación durante largos periodos de tiempo y no den acceso a nadie, tal como ocurre en Japón con los *hikikomori,* cuyo perfil psicológico tiene elementos de ansiedad, de depresión, de fobia social y, en ocasiones, posiblemente de autismo. Recordemos el capítulo 3, que describe cómo los mecanismos de defensa son todo aquello que se utiliza para combatir el desasosiego y el dolor psíquico, así que es importante identificar hasta qué punto el adolescente deprimido puede haber recurrido a infinidad de conductas como sesiones interminables de videojuegos, abuso de sustancias tóxicas, autolesiones, conductas de riesgo... Es posible que todos esos comportamientos preocupantes estén encubriendo una depresión de fondo. **A veces, tal y como ocurre con algunos adultos, la actividad excesiva que lleva al agotamiento también puede ser una defensa, porque les impide pararse a pensar y a sentir.**

Por último, hay que considerar sus relaciones interpersonales en el entorno social y si estas pueden constituir una fuente de apoyo y contribuyen a mejorar su bienestar o si, por el contrario, le causan rechazo o sensación de fracaso. Si se encuentra en un entorno excesivamente competitivo, si tiene problemas de timidez o de baja autoestima, ¿hasta qué punto las personas que lo rodean habitualmente pueden estar contribuyendo a perpetuar las dificultades? Si tiene unos padres con expectativas altas o tal vez poco realistas de sus capacidades, es posible que se sienta acosado y victimizado y, desde luego, que no pueda buscar apoyo en sus progenitores. No siempre es fácil compartir estos estados de ánimo, entre los chicos es frecuente no hablar de temas personales con sus amigos por miedo a ser juzgados y tal vez prefieran callárselo.

¿Qué puedes hacer si crees que tu hijo o hija adolescente tiene una depresión? (Que no es lo mismo que estar deprimido)

- Antes de abordar el tema, **asegúrate de que has notado un cambio general de conducta en más de un ámbito.** Recuerda que no estamos hablando de un solo síntoma, sino de un cambio en su comportamiento, una bajada de energía y de vitalidad que se manifiesta en todos los aspectos de su vida, así como una incapacidad para disfrutar.
- Cuando abordes el tema, hazlo con delicadeza. Es posible que, de entrada, no te quiera explicar nada, así que procura encontrar un buen momento en el que estéis a solas. Puedes invitarlo a salir a merendar

juntos, salir a comprarle algo que necesite u ofrecerte a recogerlo de sus actividades extraescolares o sociales. Los viajes en coche evitan el contacto cara a cara (porque generalmente el progenitor va conduciendo) y suelen brindar ese tipo de oportunidades.

- Si tu hijo no te contesta o no quiere hablar del tema, puedes hablar tú, de manera serena y pausada, explicándole lo que has notado y tu preocupación al respecto. **Mientras te escuche, ya se está abriendo una puerta en su interior, ya es consciente de que no está del todo solo con su problema.** No esperes respuestas ni resultados inmediatos, la conversación se puede retomar en otro momento si es necesario. Si es posible, averigua si mantiene la esperanza de que las cosas pueden mejorar o si, por el contrario, lo ve todo negro y sin remedio.
- Si, tras vuestra conversación, crees que debería ver a un profesional, averigua dónde puedes buscar ayuda, si el centro escolar ofrece servicios de apoyo psicológico, si te lo cubre la mutua sanitaria o si puedes pagar sesiones privadas. Una vez que tengas una idea clara de adónde acudir, sugiéreselo a tu hijo y espera a ver cómo reacciona. Si accede, es más fácil dar ese primer paso. Sin embargo, muchos adolescentes inicialmente se niegan a ver a un profesional y hay que estar preparado para esa posibilidad. Tal vez acusen a sus padres de haber hecho mal su labor y por eso están así, o sienten que se están inmiscuyendo en sus asuntos personales sin que nadie los haya invitado. No te des por vencido, se ha empeza-

do una conversación y esto es solo una etapa, **lo principal es que tu adolescente sabe que estás preocupado por él y que estás dispuesto a buscar un modo de ayudarlo. Eso en sí ya es curativo y esperanzador para tu hijo.** Una intervención profesional en el momento adecuado puede cambiar las cosas, pero, aun así, nunca es tarde. Si tu hijo se niega a ver a un profesional, acude tú; es posible que necesites un espacio privado y confidencial para pensar en profundidad sobre lo que le está ocurriendo: ese apoyo puede ayudarte a gestionar la situación y a pensar de qué modo eres capaz de apoyar a tu hijo. Este ha sido siempre mi modo de trabajar y, verdaderamente, es muy efectivo. Si uno de tus hijos está pasando por esto, es probable que haya repercusiones en el resto de la familia, por lo cual tener un espacio de reflexión puede beneficiar a todos.

- A los padres del adolescente que parece deprimido siempre les recomiendo que se involucren un poco más de lo que tal vez sea habitual para ellos y que inviten a su hijo a ver la tele en familia o a compartir actividades cotidianas. Ya sabemos que en la adolescencia es importante respetar su privacidad, pero, **si crees que está en un estado depresivo, no es recomendable que tu hijo se aísle del resto de la familia y pase largas horas solo en su habitación.** Hay que intentar llegar a un acuerdo que te permita poder supervisarlo a una cierta distancia, por ejemplo, dejando la puerta entreabierta en vez de cerrada y pasar por allí de vez en cuando para ver qué está haciendo. No dejes que se adentre todavía más en su universo solitario, porque, en ese momento vulnerable, tiene acceso a contenidos *online* que pueden ser contraproducentes o incluso destructivos. Desgraciadamente, el espacio virtual y las redes son la fuente de información en la que muchos adolescentes buscan cosas como «autolesiones» o «formas de suicidarse». También pueden ser vulnerables a participar en retos virales, porque eso los saca de su letargo, pero siempre suelen conllevar conductas peligrosas.

- Anímalo a salir para compartir las comidas y ratos con la familia o quizá actividades aparentemente más banales, como acompañarte a comprar o a pasear al perro. Todas esas **cosas que parecen no tener importancia fomentan el contacto entre vosotros y cualquier cosa externa puede dar pie a una conversación más personal.** Si está viendo a un profesional, esa persona te puede ayudar a gestionar qué actividades podéis hacer juntos, pidiéndole sugerencias a tu hijo y llegando a un acuerdo sobre la frecuencia (¡siempre y cuando esté dentro de lo razonable!). Se trata de crear un acercamiento entre vosotros, así que hay que comprometerse a hacerlo con regularidad. Hacer un viaje o algo especial está muy bien, pero no ofrece la continuidad necesaria y el objetivo es integrarlo en vuestro día a día.
- En algunos casos, es conveniente hablar con su tutor, sus profesores, su entrenador deportivo o cualquier persona con la que tenga contacto regular

para saber si han notado algún cambio en él y cómo lo están abordando.

- No olvides que **tu interés por comprender lo que le pasa y tu empeño en ayudarlo son un importante punto de partida.** Intenta dejar de lado los reproches o hasta qué punto tu hijo va a cumplir tus expectativas. Ábrete a la comunicación con él y, sobre todo, intenta mantener la serenidad. Es posible que eso sea solo una etapa, un tropiezo que está deteniendo momentáneamente su desarrollo. En ese proceso, tal vez todos aprendáis un poco más los unos de los otros y eso le servirá para aumentar su resiliencia y fortalecer sus recursos emocionales en el futuro.
- Por último, si empieza una terapia y pasados unos meses no mejora o incluso empeora, puede ser recomendable considerar antidepresivos. Estos tienen que ser recetados por un médico psiquiatra infantojuvenil y esa misma persona hará las revisiones periódicas para ver cómo están funcionando, ya que hay de diversos tipos y no todos los adolescentes responden igual. Este también será un proceso colaborativo entre médico y paciente, tal vez haya que probar más de una hasta dar con el adecuado, pero siempre será con el propósito de estabilizar su cuadro clínico y, con el tiempo, decidir cuándo es el momento de dejarlos.

8

Qué hacer ante autolesiones e ideas suicidas

Las autolesiones

Los servicios de salud mental para jóvenes en España han presenciado un aumento vertiginoso de las autolesiones en los últimos tres años. Las cifras hablan por sí solas: se estima que han aumentado de un 17 a un 29 por ciento desde la pandemia del covid.[1] Suelen manifestarse en la adolescencia, aunque también pueden ocurrir en etapas anteriores, por ejemplo, cuando un niño se golpea deliberadamente con el puño o contra la pared durante una rabieta. Eso no indica necesariamente que vaya a autolesionarse más adelante, pero, en esos casos, es importante mantener la calma, impedirle que lo haga y ayudarlo a encontrar otros modos de expresar su frustración o su disgusto.

1. Mayte Rius, «Las autolesiones de adolescentes "se contagian" y las redes sociales incitan a la imitación», *La Vanguardia*, 20 de mayo de 2022. Disponible en <https://www.lavanguardia.com/vida/20220520/8278770/conducta-autolesion-contagiosa-redes-sociales-incitan-imitacion.html>.

La **autolesión** es una forma deliberada de infligir daño en el propio cuerpo con el propósito de autorregular las emociones, de expresar un estado de ánimo o un dolor psíquico para el cual no se ha encontrado ningún otro modo de expresión. El acto en sí suele proporcionar un alivio casi inmediato, ya que el dolor físico no es nada comparado con el sufrimiento interno que están viviendo en esos momentos. Las motivaciones son variadas y cada persona puede estar expresando algo distinto: para algunas es una llamada de atención, una forma visible de exteriorizar y comunicar su dolor a los demás; mientras que para otras es un acto privado, que concentra su atención y que les sirve para, momentáneamente, olvidar otros asuntos. En algunos casos, hacerlo los avergüenza, pero, aun así, les proporciona un alivio. Ese efecto calmante hace que pueda convertirse en algo adictivo, ya que el alivio que se experimenta es inmediato y les sirve para autorregular sus emociones.

La forma más habitual de autolesionarse suele ser haciéndose cortes en los brazos, pero también pueden cortarse en zonas del cuerpo menos visibles, como los muslos, el torso o el abdomen. Hay otras formas de autolesión menos frecuentes, como arañarse o arrancarse trozos de piel con las uñas, hacerse quemaduras, darse golpes contra algo duro, como una pared, o tomarse una sobredosis controlada de fármacos, sabiendo que es un acto peligroso, pero no letal. El deseo de dañar el propio cuerpo puede manifestarse de maneras muy variadas. Cuando trabajaba en un hospital pediátrico descubrí otra forma de autolesión entre los jóvenes diabéticos. Algunos adolescentes, cuando entraban en conflicto con sus padres, no se inyectaban la cantidad adecuada de insulina y la híper o hipoglucemia, invariablemente, ponía en peligro su salud. En estos casos, además de la rebelión propia de su edad, se había introducido otra variable, gestionar el trauma de la diabetes a una edad temprana, pero el objetivo era el mismo: causar alarma en su entorno y tener el control de la situación.

Las chicas tienden a autolesionarse mucho más que los chicos infligiéndose cortes, aunque estas conductas también van en alza entre ellos. Como contrapartida, los chicos suelen recurrir a conductas de riesgo con mayor frecuencia que las chicas, es decir, no recurren a la cuchilla de afeitar en el antebrazo, pero, en situaciones de estrés, cometen actos que ponen en peligro su integridad física. La adrenalina les da el subidón que buscan para huir del dolor psíquico. Un chico de quince años muy aficionado al *skateboarding* me decía que cuando estaba enfadado con sus padres era cuando probaba las piruetas más temerarias, porque así se desahogaba, pero reconocía que en algunas ocasiones había sufrido lesiones bastante serias. Eran los momentos en los que «se la jugaba» sabiendo que podía salir mal.

Es importante señalar que la inmensa mayoría de los adolescentes que se autolesionan NO tienen una intención suicida, sino que utilizan estas conductas como un recurso para regular emociones que son difíciles de gestionar.

Las autolesiones suelen ocurrir cuando hay trasfondo de un trastorno depresivo y una incapacidad para comunicar y procesar emociones intensas como la tristeza, la ira o el estrés.

Por lo tanto, las posibles causas son innumerables: vivir una separación parental, haber sufrido abusos o padecer de estrés ante los exámenes pueden desatar un episodio de autolesiones. La razón del marcado aumento de incidencias también está relacionada con el contagio social que ocurre entre los adolescentes, con frecuencia fomentado por las redes sociales. Tal vez suene como una frivolidad, pero lo cierto es que no todos los jóvenes que se autolesionan tienen un trastorno serio o un cuadro depresivo, sino que algunos buscan algún tipo de hermandad exhibiendo conductas que van a evocar una reacción. Compartirlas en redes sociales suele provocar un aluvión de mensajes de apoyo y muestras de cariño que a la larga son contraproducentes, ya que actúan como un **refuerzo positivo** de esas conductas. Sea cual sea la motivación, la autolesión es un recurso desadaptativo poco recomendable, que puede crear un hábito difícil de romper.

Caso práctico: Alicia
Cuando lesionarse se convierte en adicción

Alicia, de catorce años, acudió a mi consulta porque, aunque según ella lo intentaba, no podía parar de autolesionarse. A los once años había sido abusada sexualmente por el marido de su hermana mayor durante varios meses. Finalmente, Alicia se lo explicó a su madre, intervinieron las autoridades y su cuñado cumplió una pena de cárcel. Sin embargo, el proceso había causado en su interior un gran conflicto, porque reconocía que, con once años, su cuñado le había parecido guapo y simpático, y eso le hacía pensar que ella había participado o colaborado con el abuso, o por lo menos que lo había propiciado y, desde entonces, se había empezado a hacer cortes en los brazos.

A los once años, se había sentido lo suficientemente madura como para seducir a un hombre de treinta, pero ahora se daba cuenta de que no era así. Durante las sesiones, hablamos sobre la responsabilidad que recae sobre el adulto de mantener los límites adecuados en su interacción con un menor, sea cual sea su comportamiento. En una ocasión me dijo: «Este fin de semana vinieron a comer mis tíos con mi prima de once años, y yo todo el tiempo pensaba en lo pequeña que la veía y que yo era así cuando ocurrió todo. Me dio mucha rabia y mucho asco, casi no pude comer».

En las sesiones pensábamos en qué podía hacer ella, qué opciones había cuando sentía la urgencia de coger la cuchilla y cortarse. Mientras contemplábamos alternativas, Alicia me dijo: «A veces me pregunto por qué no puedo sentirme disgustada como todo el mundo, llorar un poco, como hacen mis amigas. No sé por qué siento que tengo que hacerme esto a mí misma». Esa comunicación marcó un punto de inflexión, como si hubiera tropezado con la solución sin darse cuenta, una solución que consistía en introducir un momento de reflexión entre el coger las tijeras cuando sentía el impulso de cortarse y, acto seguido, llevarlo a cabo. Con esto en mente, Alicia empezó a reducir la frecuencia de las autolesiones hasta abandonarlas por completo.

Naturalmente, en las sesiones no solo explorábamos su compulsión a cortarse, sino que había otro proceso que estaba ocurriendo en paralelo. Durante la terapia, pudo reflexionar sobre el abuso sufrido y sobre otras dinámicas familiares, con lo cual disminuyó su sentimiento de culpa hacia su —para entonces— excuñado y experimentó enfado y furia al recordar los acontecimientos. Estos sentimientos no solo estaban dirigidos hacia él, sino también hacia su hermana, por no darse cuenta de la excesiva familiaridad que había entre él y Alicia. El proceso, que sacó a la luz todas esas emociones, legítimas y sanas, fue determinante en su recuperación y, gracias a eso, su necesidad de refugiarse en las autolesiones fue disminuyendo.

En este punto es importante incidir en el hecho de que en psicoterapia se recuerdan y hasta se reviven los momentos traumáticos del pasado, pero esta vez ocurren en un contexto en el que se pueden examinar y procesar con la ayuda de otra mente. El paciente se acerca poco a poco a esos recuerdos dolorosos y la presencia del psicoterapeuta lo ayuda a sortear los momentos más difíciles y, en algunos casos, encontrar una explicación y construir una narrativa más completa y más madura sobre cómo ocurrieron las cosas. Ahí empieza la verdadera recuperación.

Otro aspecto importante de las autolesiones es la dinámica familiar que puede generar en el hogar. No se debe desestimar el fuerte impacto que causa ver los cortes y las cicatrices en la piel de los jóvenes, algo muy amargo para sus padres. Algunos lo viven como un recordatorio constante de que han fallado en su misión de educar a los hijos de forma sana e incluso intentan convencerlos para que se hagan tratamientos de cirugía estética para borrarlas. A veces deciden distanciarse ligeramente para autoprotegerse de algo que viven como una acusación muy dolorosa.

Caso práctico: Isabel
Cuando la venganza se les va de las manos

Ese era el caso de Isabel, una adolescente de dieciséis años que, cuando empezaba el calor, acudía a sus sesiones con camisetas sin mangas y pantalones cortos que mostraban los centenares de cicatrices que tenía en los brazos, las piernas, el escote, las clavículas y el abdomen. Con su pelo negro y su maquillaje de gótica, sonreía tímidamente al entrar, sin darse cuenta del impactante mensaje que transmitía su aspecto. Isabel sentía que la traumática separación de sus padres, que continuaban manteniendo un contacto sumamente hostil, había descarrilado su vida por completo y las múltiples laceraciones constituían, para ella, su venganza, como si les estuviera diciendo: «Miradme, si estoy así, toda rota, es por vuestra culpa».

Con el tiempo, se obró un cambio. La psicoterapia la ayudó a pensar en sus planes de futuro y en qué tipo de opciones tenía ante sí. Era una chica atractiva e inteligente y, tras muchos vaivenes educativos, había decidido introducir orden en su vida. Decidió utilizar ropa que cubriera su cuerpo para protegerse de las miradas de *shock* que registraba en el rostro de otras personas cuando exponía sus extremidades. Fue en ese punto en el que empezó a ser consciente de lo que su cuerpo comunicaba y entonces lamentó sus cicatrices y deseó —en vano— que desaparecieran. En la adolescencia las emociones se viven con una gran intensidad y aquello que durante esa etapa sirve a un propósito puede convertirse en una carga más adelante.

¿Qué hacer si tu hijo adolescente se autolesiona?

- Para cualquier padre o madre es difícil concebir o incluso aceptar que un hijo esté recurriendo a ese tipo de conductas para aliviar su estado emocional, pero, a pesar del *shock* que puede suponer, **es importante mantener la calma, no dramatizar, no reñirles ni hacer demasiados aspavientos.** Si el progenitor reacciona de forma histriónica, recae sobre el adolescente la tarea de absorber esa reacción o de tener que reconfortarlo. Eso puede condicionar su conducta, aumentar su estrés y también hace más probable que decida ocultárselo a sus padres si se dan futuros episodios.
- Eligiendo bien el momento y siguiendo las indicaciones del capítulo anterior, intenta **iniciar una conversación** sobre ello. Es posible que no sepa exactamente los motivos por los que ha empezado y que no te pueda dar una explicación coherente. En realidad, lo importante es que le transmitas que, aunque entiendes que eso lo alivia, no es una manera sana de gestionar sus emociones y que quieres ayudarlo a buscar alternativas. Es importante plantearlo como un proceso de cooperación entre los dos y que el objetivo que tenéis en común es que deje de hacerlo.
- Primero hay que abordar el presente y pensar en cómo actuar si es algo a lo que recurre habitualmente. Naturalmente, si sangra, existe un riesgo de infección. A nivel práctico, asegúrate de que, si lo

hace, mantiene condiciones de higiene adecuadas. Intenta averiguar qué herramientas utiliza (cuchillas, tijeras, compás...) y, si te las enseña, intenta ver si son arañazos superficiales o lesiones más profundas, que tal vez puedan dañar otros tejidos. Intenta llegar a un acuerdo de que acudirá a un adulto de confianza (progenitor, tutor, pariente) si alguna vez *se le va la mano,* si se hace un corte más profundo que posiblemente necesite asistencia médica.

- Explícale que no deseas que lo siga haciendo, pero que entiendes que es difícil parar de golpe, habla sobre qué puedes hacer en ese momento para que mejoren las cosas. Es posible que no quiera o no pueda parar cuando tengáis la conversación y, en ese caso, se puede plantear como un objetivo a corto o largo plazo, según las circunstancias.
- Averigua si **existe alguna motivación o algún incentivo externo** para continuar haciéndolo o si es algo puramente personal y privado. Sabemos que hoy en día existen muchos clubs y retos virales que pueden ejercer una gran influencia sobre el adolescente, sobre todo si está atravesando un momento de vulnerabilidad. Este tipo de conductas les ofrecen un sentido de pertenencia a una tribu y para ello quizá estén dispuestos a compartir ciertos comportamientos.
- Siguiendo las indicaciones del capítulo anterior, habla con él sobre la posibilidad de buscar ayuda profesional. En esos casos, yo tengo una sesión con-

junta con los padres y el adolescente para pensar en cómo gestionarlo y cómo **ayudarlo a buscar alternativas cuando siente el impulso de querer cortarse.** Una de las sugerencias habituales es hacer una batida en su habitación en su presencia, sacando todas las herramientas que pueda estar utilizando para cortarse. Esto es importante, porque, en ocasiones, si no encuentra con qué hacerlo, es posible que salga de su habitación y entonces se encuentre con otro miembro de la familia, con una mascota o con algo que retenga su atención momentáneamente. **Esa distracción puede actuar para desactivar el impulso,** pues momentos después el apremio de cortarse ya ha pasado y ha conseguido no hacerlo. Otra alternativa es ponerse una goma elástica en la muñeca y darse *gomazos* tensándola. Eso le producirá un ligero dolor, pero es más inocuo que un corte.

- Siguiendo ese principio, en ocasiones es útil quitar todas las herramientas cortantes del lavabo al que tiene acceso el adolescente. Asimismo, vigilar si faltan cuchillos u objetos cortantes de la cocina. Es una labor que a muchos padres les resulta tediosa y desesperante, y además es muy difícil controlar dónde están todas las piezas de la cubertería, pero este tipo de rutinas los involucra activamente en el proceso, lo que favorece la cooperación con el adolescente, para el cual **es importante saber que no está librando esa batalla en solitario.**

Quiero terminar esta lista de recomendaciones con un rayo de esperanza: la inmensa mayoría de los adolescentes con los que yo he trabajado que recurrían a las autolesiones para gestionar sus emociones han logrado dejar de hacerlo una vez que consiguieron el apoyo adecuado. Es decir, pudieron mejorar, madurar y encontrar otras maneras de expresar su desasosiego.

El suicidio

Existe una relación entre las autolesiones y el suicidio, pero una cosa no sigue necesariamente a la otra (o ambas cosas no siguen una progresión lineal). Tal como hemos mencionado anteriormente, las autolesiones no tienen un propósito suicida, sino que, en la mayoría de los casos, son conductas crónicas que sirven a un objetivo concreto, que es acallar un malestar interior, es decir, cumplen la función de regular el estado emocional. Pero también es cierto que alrededor del 50 por ciento de las personas que mueren por suicidio se habían autolesionado anteriormente.[2] Entonces, ¿cómo se entiende esto? Veamos: es posible que una persona se haya autolesionado durante mucho tiempo para estabilizar sus emociones, pero que su salud mental no haya

2. Mayte Rius, «Las autolesiones de adolescentes "se contagian" y las redes sociales incitan a la imitación», *La Vanguardia,* 20 de mayo de 2022. Disponible en <https://www.lavanguardia.com/vida/20220520/8278770/conducta-autolesion-contagiosa-redes-sociales-incitan-imitacion.html>.

mejorado durante ese tiempo. Si, además, sufre una crisis que provoca un deterioro, esta concatenación de eventos podría conducirla al suicidio. Es decir, las dos conductas no están necesariamente relacionadas, pero es posible que las personas con problemas crónicos que no han recibido ayuda adecuada en ocasiones sigan en esa ruta autodestructiva y, tal vez, acaben suicidándose. Ambas conductas envían un potente mensaje a su entorno, tal como hemos visto con el ejemplo de Isabel. El suicidio busca evitar el sufrimiento destruyendo el cuerpo físico, pero, como contrapartida, deja una huella indeleble en la mente de todos.

Los datos publicados por el estudio PsiCE (Psicología en Contextos Educativos), elaborado por la Psicofundación y el Consejo General de Psicología de España, sobre la salud mental y el bienestar psicológico de los adolescentes españoles no son muy alentadores. En el estudio participaron 8.749 niños y adolescentes de once a dieciocho años procedentes de ocho comunidades autónomas. Un 26 por ciento presentó síntomas de depresión de intensidad moderada y una depresión grave estaba presente en un 6 por ciento. Respecto al suicidio, casi el 21 por ciento manifestaba que «había deseado estar muerto», el 17 por ciento había tenido ideación suicida, aproximadamente un 10 por ciento había considerado seriamente el suicidio durante las dos semanas previas a la encuesta y un 7,5 por ciento lo había planificado.[3]

3. Lucía Foraster Garriga, «Uno de cada veinte adolescentes asegura haber intentado suicidarse», *El País*, 15 de junio de 2022. Disponible en <https://elpais.com/sociedad/2023-06-15/uno-de-cada-20-adolescentes-asegura-haber-intentado-suicidarse.html>.

Creo que no es necesario seguir dando cifras para demostrar que este es un tema muy preocupante y que puede ocurrir a cualquier edad. Según el INE, «**4.097 personas murieron por suicidio en España en el año 2022,** un número que supone un 2,3 por ciento más que las defunciones registradas por la misma causa en 2021».[4] De esta penosa estadística, 84 eran menores de veinte años, lo que indica un ligero aumento con relación al año anterior. También en esto hay una desigualdad de género: aproximadamente un 75 por ciento de las muertes por suicidio son de hombres entre los cuarenta y los sesenta años.

Los motivos del suicidio son muy diversos y no siempre están vinculados a un cuadro depresivo, pero sí a una sensación de desesperanza y a una creencia de que las cosas no van a mejorar. Es una solución extrema y tajante que se toma como una huida ante la perspectiva de tener que seguir viviendo con ese dolor. Personas que han hecho intentos suicidas hablan del deseo de dejar de sufrir y, en esos momentos, la muerte es lo que parece resolver su malestar de forma más efectiva. En algunos casos, cuando la persona suicida lleva tiempo elaborando su plan de abandonar el mundo, tomar la decisión de hacerlo parece infundirles una paz interior. Esto confunde a sus familiares, quienes, pensando retrospectivamente, suelen decir: «Aquella última vez lo vi mejor que nunca, estaba calmado y parecía

4. Santiago Saiz, «El número de suicidios sigue aumentando: 4.097 personas se quitaron la vida en España en 2022», *El Mundo*, 27 de junio de 2023. Disponible en <https://www.elmundo.es/ciencia-y-salud/salud/2023/06/27/649b0bc321efa043058b45ab.html>.

feliz». Es trágico pensar que ese aparente bienestar era una indicación más de que la persona había abandonado la lucha por seguir viva y eso le hacía transmitir esa sensación de paz. Algunas personas empiezan a beber o a consumir más drogas, se aíslan de su entorno e incluso parecen descuidar su apariencia física. A veces, regalan sus posesiones importantes, piden perdón por incidentes del pasado (que otros han olvidado) o intentan poner orden en sus asuntos. Todas esas conductas pueden ir encaminadas a una despedida.

Haber perdido algún familiar por suicidio y, en algunos casos, por muerte natural, **también aumenta el riesgo dentro de la familia.** En la mente del familiar que ha perdido a un ser querido se crea una fantasía de poderse reencontrar con ese hijo, hermano o padre ausente. Robado de esa persona y de la vida que compartían, nada ha vuelto a ser igual y eso hace que el suicidio aparezca como una opción atractiva. Por otra parte, el riesgo también aumenta si una persona lleva viviendo muchos años con pensamientos suicidas o si ya ha hecho algún intento.

Como ya hemos dicho, **no todas las personas que se suicidan sufren de depresión.** En ocasiones, el suicidio puede estar motivado por un sentimiento de vergüenza o de humillación frente a una situación concreta, algo que ven como irremediable y que hace que se piensen incapaces de enfrentarse al mundo. Para un adulto en crisis con una situación económica precaria, una circunstancia relativamente cotidiana, como tener que comunicar a su familia que ha perdido el trabajo, puede actuar como un desencadenante que lo aboque a contemplar el suicidio.

Suicidio adolescente y bullying

En niños y adolescentes, sufrir acoso en el centro escolar o a través de las redes sociales ha sido una de las principales circunstancias asociadas al suicidio que se han identificado en los últimos tiempos. Todas esas situaciones tienen un componente de vejación, de degradación, y posiblemente van acompañadas de un sentimiento de haber decepcionado a los demás. De ahí viene la convicción que aparece en algunos mensajes de despedida: «Soy una carga, estaréis mejor sin mí». Una vez más, en estos casos, existe el **peligro del contagio social:** cuando se da un suicidio de un alumno en un centro educativo, se suele crear una leyenda exaltando las virtudes del adolescente muerto, haciendo altares y pósteres, y el deseo de ser recordados de esa manera puede actuar como un aliciente para otros jóvenes que tal vez se encuentren emocionalmente en la cuerda floja. Siempre hay una combinación de una vulnerabilidad emocional o psicológica previa y algún acontecimiento que actúe como detonante.

En la adolescencia, el suicidio se debe contextualizar según las características de esta etapa. Es un momento en el que están rompiendo con la seguridad de la infancia y construyendo una nueva identidad encaminada hacia el futuro. Es el punto en el que chocan dos mundos: la experiencia y los conocimientos de los padres con la fuerza y el vigor de los hijos. Se mueven las placas tectónicas de la familia y ambos tienen miedo: unos a envejecer, otros a tener que construirse un futuro en un mundo cada vez más incierto. **Ser adolescente es como tener un superpoder para con-**

seguir todo aquello que tienen a su alcance, pero eso, a su vez, requiere una madurez cerebral y emocional para poder gestionarlo adecuadamente. En esta fase del crecimiento, todo es una paradoja. Por lo tanto, cuando pensamos sobre el suicidio en el marco adolescente, es necesario tener en cuenta algunas consideraciones:

- De entrada, es importante recordar que las ideas o soluciones radicales son propias de esta etapa y la ideación suicida puede aparecer de un modo fugaz en la mente adolescente cuando están pasando por momentos de crisis sin que haya una verdadera intención de llevarlo a cabo. Sentir que tienen esa opción está asociado a su deseo de tener poder de decisión sobre su propia vida, de que, si todo empieza a ir mal, siempre tienen esa salida que, afortunadamente, muy pocos llegan a tomar. Aun así, en los servicios de salud mental infantojuvenil en Reino Unido (en los que trabajo), la pregunta «¿Alguna vez has pensado en el suicidio?» se ha empezado a hacer de forma rutinaria durante la primera cita, algo que no ocurría años atrás, excepto en casos en los que se sabía de antemano que eran de alta gravedad o de alto riesgo. Aunque los profesionales indagamos con detenimiento al respecto, nunca es posible saber qué está ocurriendo exactamente en la mente de ese joven o cuál sería su grado de impulsividad respecto a sus pensamientos suicidas en un momento de crisis. En ese instante —que puede ser muy cambiante— es posible que sus relaciones con sus personas allegadas no los anclen lo suficiente al deseo de vivir. Es decir, en la adolescencia, un pensamiento suicida, por efímero que parezca, SIEMPRE debe tomarse en serio.

- Algunos adolescentes pasan por estados depresivos en los que parece que todo les da igual, y para esos jóvenes la idea del suicidio está ahí de forma fija, sin que nunca hayan pensado un plan de acción concreto. Cuando le pregunté a una adolescente sobre sus planes al terminar la enseñanza secundaria, me contestó muy llanamente: «Ni idea, no lo he pensado, no sé si estaré viva». Esos jóvenes están viviendo una existencia a medias, porque en esos momentos no son capaces de saborear ni de aprovechar todo lo que la vida les ofrece y tampoco pueden pensar en el futuro, porque, para ellos, bregar con el día a día es más que suficiente. Se suelen refugiar en las redes sociales y contactos virtuales con adolescentes como ellos, sin salir y sin establecer vínculos con gente de carne y hueso. Esos adolescentes son vulnerables y en ocasiones, como ya hemos comentado, buscan situaciones de riesgo para sentirse vivos, pero la idea de la muerte puede no estar muy lejos.

Caso práctico: Manuel
Cuando se abandona su cuidado

Manuel era uno de esos chicos: a los catorce años no tenía esperanza alguna hacia su futuro o ilusión por nada. Cuando llegó a mi consulta en el centro de secundaria, Manuel tenía ya un largo historial en los servicios de salud mental, por un cuadro de depresión e ideación suicida. Había cambiado de colegio varias veces, lo cual le había impedido tener un círculo de amigos estable, y además era evidente que no tenía una relación cercana con sus padres, porque, desde pequeño y por motivos de diversa índole, habían delegado sus cuidados a otros familiares y a empleadas domésticas. Por lo tanto, sin amigos, sin una red familiar de apoyo y sin ilusión por nada, pocas cosas lo ataban a la vida. Cuando le pregunté si había pensado en el suicidio me dijo que sí, desde los diez años, cuando había aprendido lo que era. Sin embargo, me dijo que no se veía capaz de hacerlo y añadió con una expresión triste: «Ojalá alguien me matara». Esas palabras me transmitieron una mezcla de resignación respecto a tener que vivir así y también de desesperanza de que algo pudiera ser distinto.

Yo le respondí que me gustaría que trabajáramos juntos para ver si eso podía cambiar, que tal vez no se le había ocurrido que las cosas podrían ser diferentes. Manuel me miró intrigado y, lentamente, dijo que sí con la cabeza. Cuando el servicio está vinculado a un colegio, los alumnos pueden decidir utilizar los servicios de salud mental sin la participación de sus padres. Estos, sin embargo, habían dado su consentimiento para que Manuel utilizara cualquier servicio de apoyo psicológico que estuviera a su alcance. Parecían haber tirado la toalla con relación a ese hijo y cualquier sugerencia era bienvenida. Manuel insistió en que no quería involucrarlos en ninguna sesión porque, según él, «ellos pasan de mí y yo paso de ellos». Yo notaba que Manuel tenía poca fe en que las cosas pudieran ser algo distinto de cómo las vivía él, pero conseguimos llegar a un acuerdo: aceptó la oferta de cuatro sesiones y luego decidiría si quería continuar.

En este punto quiero aclarar que, durante la terapia, algunos adolescentes cambian de opinión y deciden incluir a sus padres, lo que suele ser muy beneficioso, porque, con la intervención de un profesional, es posible establecer entre ellos un diálogo más constructivo.

En la cuarta sesión con Manuel hubo un rayo de luz. Sus respuestas, habitualmente lacónicas, empezaron a ser más espontáneas. Me explicaba cosas de su vida voluntariamente y eso nos dio acceso a episodios que, juntos, fuimos hilvanando hasta construir una narrativa más coherente sobre sus experiencias pasadas y sobre cómo estas habían afectado a su salud mental y su visión del mundo. Finalizadas las cuatro semanas, Manuel decidió continuar con su terapia de sesiones semanales y estas continuaron hasta que terminó su educación secundaria con dieciséis años, dieciocho meses después de nuestro primer encuentro.

La psicoterapia psicoanalítica trabaja con el inconsciente y no se ocupa únicamente de erradicar los síntomas, sino que promueve el crecimiento personal y el autoconocimiento de la persona. En un principio, Manuel había sido muy hermético y, a medida que progresaba nuestro trabajo, tanto sus padres como sus profesores notaron un marcado cambio en su actitud, que se hizo más participativa y más sociable. Hasta ese momento, había facetas de su vida que no se había permitido explorar, por timidez y por miedo a sentirse vulnerable. Él era consciente de todo lo que no le gustaba sobre su vida, pero no sabía cómo cambiarlo. Lamentaba que su infancia hubiera sido un periodo tan inestable para él, pero aprendió a posicionarse de modo distinto en su familia y gradualmente aceptó el hecho de que, por razones que desconocíamos, sus padres no habían sabido valorar o mostrar sensibilidad hacia sus emociones durante su periodo de crecimiento.

Esa relación distante con sus progenitores se había manifestado también en su inicial desconfianza hacia mí: ¿qué podía ofrecerle yo que fuera distinto a todos los otros profesionales que ya había visto? ¿Qué tipo de adulto sería yo y qué expectativas tendría de él? Con el tiempo, Manuel pudo adoptar una visión más realista de su entorno y de la distancia emocional que existía entre los miembros de su familia. Y esa aceptación hizo que resultara menos dolorosa para él. Disminuyó su resentimiento hacia sus padres y eso los ayudó a conectar de otro modo y a mejorar algunos aspectos de su relación. Lo principal fue que Manuel empezó a tomar las riendas de su vida, decidió lo que iba a estudiar y a tener esperanza de que su futuro podía, verdaderamente, ser diferente.

Qué señales buscar

Con relación a planes o ideas suicidas en adolescentes, hay que valorar una serie de factores. Si el adolescente ha tenido una experiencia adversa grave o un trauma, hemos de estar especialmente alertas, porque la ideación suicida puede surgir de forma repentina. Es posible que el adolescente haya investigado en internet las diferentes maneras de hacerlo. Quizá haya colgado en redes sociales un mensaje que lo indica o, sin motivo específico, haya empezado a regalar sus posesiones.

> Cualquier indicación, por leve o remota que parezca, se debe investigar. Se puede llamar a servicios de asistencia para este tipo de emergencia.[5]

5. En España, se puede llamar al 024 o a la Fundación Anar, al 900 20 20 10 (<https://www.anar.org/>).

Como en tantos otros aspectos, la buena comunicación entre padres e hijos es esencial para gestionar favorablemente cualquier fluctuación emocional o psicológica durante el crecimiento. Actividades cotidianas, como comentar las noticias del día o ver una película con un adolescente, nos pueden dar una idea de cómo afrontaría las cosas en una situación límite. Es interesante observar sus reacciones y comentar su punto de vista con relación a temas que pondrían a prueba su resiliencia. Hablar con él del suicidio no aumenta el riesgo, sino que lo disminuye, porque si eso ha pasado por la mente del adolescente, él siente que ya no está solo con esos pensamientos perturbadores. Algunos jóvenes piensan en el suicidio con relativa frecuencia cuando tienen un bajón emocional. En la inmensa mayoría de los casos no pasan a la acción y es importante recordar que, si lo intentan, existe un motivo que actúa como desencadenante en una situación en la que ya se ha acumulado un estrés de fondo; nunca se trata de un episodio aislado que surge de la nada. La decisión de llevarlo a cabo es la consecuencia de una combinación de circunstancias: lo que ocurre a su alrededor y la capacidad que tiene para gestionarlo sin sentirse derrotado o sin esperanza. Influyen sus experiencias pasadas, su temperamento, su visión de la realidad y, crucialmente, si existe alguien en su círculo inmediato en quien se pueda apoyar. En resumen, tal y como apareció en la sección anterior, **es importante saber qué circunstancias hacen que se sienta protegido y cuáles aumentan el riesgo.**

Dentro del universo adolescente existen grupos de mayor vulnerabilidad y eso puede conllevar un mayor riesgo de este tipo de conductas. A esta categoría pertenecen los adolescentes que están dentro del espectro autista, aquellos que tienen alguna discapacidad cognitiva o problemas de aprendizaje, adolescentes del colectivo LGBTQ, adolescentes anoréxicos o con dismorfia corporal y jóvenes que han crecido alejados de sus familias. Cualquier característica que haya impactado el desarrollo de sus recursos emocionales puede, llegado el momento, ser el eslabón más débil y aumentar el riesgo de conductas autodestructivas.

Caso práctico: Clara
Cuando no hay espacio para sus emociones

La sobredosis de medicamentos que había ingerido Clara con intención de poner fin a su vida había sorprendido a todos los adultos que la rodeaban. Siempre había sido una chica seria, diligente y responsable, y nunca había dado señales de tener una gran turbulencia emocional. A sus diecisiete años, parecía tener clara su trayectoria hacia estudios superiores cuando, repentinamente, la invadió un estado de ánimo que le hizo pensar que nada valía la pena. Su mejor amiga, Inés, se había ido a hacer el bachillerato a otro centro y, pese a sus buenas intenciones y aunque se mantenían en contacto por las redes sociales, apenas salían juntas y ya no era lo mismo. Le hubiera gustado poder hablar con ella sobre su elección de carrera universitaria, porque tenía dudas y no se sentía muy convencida. Aunque se llevaba bien con sus compañeros de clase, ninguna de esas amistades había rellenado ese vacío. Se había ido aislando y había decidido no ir a la fiesta de fin de curso.

El padre de Clara sufría de depresión desde hacía años. Aunque continuaba trabajando, había pasado varias temporadas de baja y en esos casos pasaba los días recluido en su habitación, prácticamente inaccesible para la familia. Clara sentía que, al ser la hija mayor, la expectativa era que ella de algún modo sustituyera a su padre y apoyara a su madre durante esos episodios, ocupándose también de sus hermanos. A veces se hartaba de la situación familiar, pero, acto seguido, se sentía egoísta y culpable y se recordaba a sí misma que su padre también estaba sufriendo.

Con la llegada del final de curso, Clara se dio cuenta de que ya no podía más: había terminado los exámenes, no sabía qué iba a hacer en la universidad y el tiempo apremiaba, hacía siglos que no hablaba con Inés, no quería ir a la fiesta de fin de curso del instituto porque pensaba que se aburriría, su padre volvía a mostrar síntomas de estar mal y, sin saber muy bien el motivo, ella empezó a notar el peso de todo aquello, un peso que de repente se le hacía insostenible. Así que fue al botiquín que había en el lavabo y empezó a buscar pastillas. Se acordó de que la mayor parte de la medicación estaba en la habitación de sus padres y solo encontró una caja de analgésicos, por lo que, al sacar al perro, aprovechó para comprar otra caja de aspirinas.

De vuelta a casa, se encerró en su habitación con una botella de agua y empezó a tomárselas. Ella misma me dijo que no estaba enfadada ni alterada, simplemente ya no podía más y eso fue lo que la impulsó a seguir tomando. Cuando llevaba unas veinticinco pensó que debería despedirse de Inés, le envió un mensaje que decía: «Gracias por ser mi amiga» y apagó el teléfono. Inés se asustó y, en vano, intentó contactar con ella. Rápidamente llamó a la madre de Clara, convencida de que algo estaba pasando.

Cuando su madre entró en la habitación de Clara la encontró tumbada en su cama, profundamente dormida y rodeada de blísteres de pastillas vacíos. Llamó a una ambulancia y Clara estuvo varios días ingresada mientras los médicos valoraban los efectos de la sobredosis. Al salir del hospital días después, tuvimos una reunión para evaluar su estado mental.

Me dijo que, efectivamente, lo había hecho con la intención de morir, más por cansancio y por falta de ilusión que por otra cosa. Nunca le había explicado a su madre cómo se sentía, porque pensaba que ya tenía bastante con tener que apoyar a su padre. Me dijo que ahora se daba cuenta de que esa no era la manera de solucionar las cosas y que se había dejado llevar por un impulso durante un bajón. Yo le contesté que el hecho de que saliera de casa con el fin de comprar otra caja por miedo a no tener suficientes pastillas parecía indicar que era bastante premeditado. Clara estuvo unos momentos en silencio y reconoció que ya hacía tiempo que la idea le rondaba la cabeza, porque se sentía sobrecargada y sin incentivos: si esto iba a ser su vida, ¿para qué continuar?

En nuestra conversación, hablamos sobre la depresión de su padre y si ella creía que eso podía haber sido un factor. Clara pensó que quizá ella había heredado algo de ese pesimismo, pero creía que lo más determinante era la dinámica familiar. Sentía que se había criado en una atmósfera de «censura emocional», porque el que alguien estuviera triste o de mal humor podía impactar la salud mental de su padre y esa amenaza mantenía a raya las emociones de todos. En ese entorno, no había una vía de expresión para la agresividad o para cualquier otra emoción negativa. Ella nunca había sido rebelde o desafiante; incluso cuando la furia se la comía por dentro, nunca había conocido el lujo de expresar esos intensos sentimientos propios de la adolescencia: cualquier deseo de rebelión había sido sustituido por su sensatez y su fiabilidad.

Casi sin darse cuenta, Clara había tomado la decisión de abandonar una vida que no le gustaba y que no tenía perspectivas de cambiar.

La familia de Clara empezó a asistir a terapia familiar, un lugar seguro en el que era posible valorar si realmente había suficiente espacio para la expresión de las emociones de todos los miembros de la familia, no solo del padre. La madre también se sentía sobrecargada y lamentaba no haberse dado cuenta de que había esperado de Clara una madurez que no era posible tener a su edad y, sobre todo, que eso la hubiera impulsado a querer terminar con su vida. La madre sintió que ella también había descuidado su propio bienestar y sus emociones, y eso parecía haberla hecho insensible a las de los demás. Todo se había descolocado y había llegado el momento de buscar alternativas.

En este caso, el intento de suicidio de Clara era una reacción frente a la circunstancia tanto personal como familiar en que se hallaba. Terminar la escolarización también puede ser un momento de vulnerabilidad, ya que los profesores y todos esos adultos que habitualmente velan por ellos desaparecen del panorama y, si no hay una trayectoria clara por delante, hace que el adolescente se sienta a la deriva.

Los adolescentes que piensan en el suicidio con frecuencia tienen una visión algo distorsionada de la realidad que los rodea y el hecho de que vean su situación como insalvable o que les parezca imposible seguir adelante justifica —en su mente— que consideren esa opción.

El adolescente vive una desconexión
con sus representaciones parentales internas,
aunque eso no significa que los padres lo hayan
vivido así, es decir: su percepción no siempre
se corresponde con la realidad visible,
sino con cómo la vive él.

Por ejemplo, siente que, en ese momento, nadie puede ayudarlo, es decir, se siente solo, aunque no lo esté. Siente que la situación a la que se enfrenta es irremediable o no tiene salida. Siente que otras personas cercanas estarán mejor sin él y dejará de causarles preocupaciones. Sobre todo, siente que dejará de sufrir. A veces comete un acto suicida siguiendo un impulso, del que luego tal vez se arrepiente, pero ese acto es una comunicación inequívoca de su desesperación y de que desea poner fin a la situación en la que está. Tal como describe Guillermo Lahera, profesor titular de Psiquiatría en la Universidad de Alcalá,[6] la prevención del suicidio, en cualquier caso, es muy complicada. Siete de cada diez personas que mueren por suicidio no tenían pensado hacerlo tan solo una hora antes.

> Porque la conducta suicida es dinámica, cambiante, en algún punto impredecible, y se ajusta mal a nuestros anhelados modelos lineales de predicción e intervención. El suicidio es una conducta, no una enfermedad, y su principal medida preventiva es la opuesta a la que se aplica en las infecciones: desaislarse, reconectarse, contaminarse de los otros. Los lazos afectivos y los cauces de comunicación son su principal antídoto.

6. Pablo Linde, «La prevención del suicidio empieza con una pregunta: "¿Has pensado en quitarte la vida?"», *El País*, 8 de septiembre de 2023. Disponible en <https://elpais.com/sociedad/2023-09-08/la-prevencion-del-suicidio-empieza-con-una-pregunta-has-pensado-en-quitarte-la-vida.html>.

¿Qué hacer si crees que un adolescente tiene pensamientos suicidas?

- Lo primero es elegir un buen momento para entablar una conversación sobre los cambios que has notado en su conducta y que te han hecho pensar que tal vez esté pasando un mal momento.
- Intenta averiguar qué es lo que le preocupa y su actitud hacia el problema. Es posible que no quiera hablar o que diga que no le pasa nada, pero entonces puedes hablar tú y decirle que tal vez necesite tiempo y que estás a su disposición. **Recuerda que emitir juicios de valor puede inhibir su comunicación.** Decir cosas como «No es para tanto» le transmite que tú no le das tanta importancia, que eres incapaz de ver lo que le está ocurriendo y que además estás invalidando sus emociones.
- Cuando se trata con adolescentes, **la elección de palabras es importante** y durante la conversación debes guiarte por su reacción. Es posible que una frase como «¿Tal vez sientes que no vale la pena vivir?» abra la puerta a una conversación sobre pensamientos suicidas. Puedes decirle el motivo por el que tienes ese tipo de sospecha, los cambios de conducta que has notado, porque eso le transmite que estás atento a lo que quizá esté sintiendo en esos momentos.
- Si el adolescente admite que tiene pensamientos suicidas, es importante saber **cuánto hace que se siente así y si asocia esa idea a un determinado**

acontecimiento, tras el cual siente que todo cambió. Intenta hacer una composición de lugar, es útil saber con qué frecuencia lo asaltan esos pensamientos: ¿es algo constante o solo lo piensa de vez en cuando?

- Averigua si ha pensado qué método utilizaría. Sabemos que el riesgo aumenta cuanto más elaborado esté el plan. Un dato importante es saber qué es lo que lo ha frenado hasta ahora, ya que **el riesgo disminuye si es capaz de valorar de forma realista el golpe que eso supondría para su familia.**
- A partir de ahí, ofrécele ayuda, pregúntale qué puedes hacer tú para que eso cambie, tal como ocurrió en mi conversación inicial con Manuel. **Averigua qué cambios serían necesarios para alejarlo de esa idea;** si tuviera poderes para cambiar algo sobre su realidad, ¿qué elegiría? ¿Cuál es su mayor batalla en este momento?
- Ofrécele tu apoyo para **buscar ayuda profesional,** habiéndote informado previamente de cuáles son las opciones a su disposición. A partir de ese momento, si consideras que hay un peligro real, evita dejarlo solo y restringe su acceso a lugares que puedan incitar pensamientos suicidas. Busca ayuda en las líneas de emergencia sobre cómo debes actuar y en qué punto hay que intervenir.
- Por último, **permanece atento a cualquier cambio. Si tu preocupación aumenta, ¡actúa! Ponte en contacto con un número de emergencia o llévalo a Urgencias.**

Sé perfectamente lo difícil que es poner en práctica todo esto, sobre todo cuando se trata de tu hijo, porque he tenido estas mismas conversaciones con muchos padres. Si cualquiera de estos pasos no da el resultado que esperabas, no te desanimes. Lo importante es haber entablado la conversación, que el adolescente sepa que estás disponible y permanecer atento a sus estados de ánimo. No dudes en buscar ayuda en las líneas de emergencia: te pueden aconsejar y apoyar en esos momentos tan delicados.

Una última recomendación: aunque sea difícil, intenta mantener la serenidad y verlo como algo que afrontáis juntos. Para un adolescente, solo eso ya es mucho más curativo y reconfortante de lo que te imaginas.

Desde un principio, mi objetivo con este libro ha sido alentar a los padres, insistirles para que no se rindan y asegurarles que, por complicada que sea la situación en la que se ha metido el adolescente o por muchos conflictos que tengan, siempre hay una manera de reconducir las cosas. La adolescencia es un periodo fluido y cambiante y eso juega a su favor, porque, con la ayuda adecuada, habrá muchas oportunidades para reencauzar las conductas más problemáticas. ¡Ánimo y adelante!

Agradecimientos

Con el tiempo, aumenta la gratitud que siento hacia mis padres, María Dolores y Pepe, por haberme transmitido lo que me sirve de guía: la compasión, la importancia de ayudar a los demás, el sentido del humor y el no rendirse nunca.

A Simon y a Ardziv, por el mayor aprendizaje de mi vida y por haberme dado tantas vivencias, antes y ahora.

A Leo y a Pepa, por su amor fraternal y por nuestras risas, desde mi infancia hasta hoy.

A Silvia Bastos, por convencerme de que tenía que ponerme a escribir —algo que, de no ser por ella, jamás se me habría ocurrido— y por su apoyo infatigable.

A Ángeles Aguilera, por seguir creyendo que tengo algo interesante que contar, y a mis fantásticas editoras, Sara Esturillo y Amanda Díaz, por su labor incansable ayudándome a ordenar mis pensamientos.

A Eduardo Szaniecki, cuya colaboración en nuestros proyectos comunes sobre la adolescencia está plasmada en este libro.

A la Dra. Laura Etchegoyen, por abrir esa puerta y ayudarme a descubrir lo que había en mi interior.

A mis núcleos de amigos, esos que me dan calor y apoyo mientras escribo, que están en Londres, en Barcelona, en Sant Feliu de Guíxols y en Porrúa (Asturias). Son demasiados para nombrarlos aquí, pero ellos ya saben quiénes son.

A mis compañeros de equipo, tanto actuales como pasados, por su colaboración y su apoyo mientras intentamos abrirnos paso entre tanto dolor.

A mi pequeña pero leal comunidad de Instagram, por su interés y sus contribuciones desde la publicación de mi primer libro.

Y siempre, siempre, a mis pacientes, sin los cuales nada de esto existiría.